Spot Gold And Spot Silver
Combat Skills

西游取金 ◎ 著

现货黄金、白银实战技巧

爆红网络的现货商品交易电子教程纸媒版首发
实战为王、实用至上、好评如潮的全真交易术

大招无形

菜鸟进阶三要素 入场·出场·止损
判断趋势三指标 K线·均线·MACD
交易做单三原则 顺势·控仓·耐心

大道至简

SPM
南方出版传媒
广东人民出版社
·广州·

图书在版编目（CIP）数据

现货黄金、白银实战技巧/西游取金著. —广州：广东人民出版社，
2016.1

ISBN 978 - 7 - 218 - 10417 - 1

Ⅰ. ①现…　Ⅱ. ①西…　Ⅲ. ①黄金市场—投资—基本知识②银—投
资—基本知识　Ⅳ. ①F830.9

中国版本图书馆 CIP 数据核字（2015）第 247292 号

Xianhuo Huangjin、Baiyin Shizhan Jiqiao

现货黄金、白银实战技巧

西游取金　著

出 版 人：曾　莹

责任编辑：肖风华　温玲玲
封面设计：yerb
责任技编：周　杰　黎碧霞

出版发行：广东人民出版社
地　　址：广州市大沙头四马路 10 号（邮政编码：510102）
电　　话：（020）83798714（总编室）
传　　真：（020）83780199
网　　址：http://www.gdpph.com
印　　刷：广东昊盛彩印有限公司
开　　本：787mm×1092mm　1/16
印　　张：11　字　数：140 千
版　　次：2016 年 1 月第 1 版　2016 年 1 月第 1 次印刷
定　　价：55.00 元

如发现印装质量问题，影响阅读，请与出版社（020-83795749）联系调换。
售书热线：（020）83795240

前　言

没有名人的题字，没有广告公司的包装，这是一本真正来自草根的书。

但是书中的内容却是绝对的货真价实，一字一金，是真正的干货。

拙作《现货黄金、白银之——点位的精确计算》和《现货黄金、白银之——指标的神奇运用》，于2012年9月，最初以电子书的形式在淘宝网店"时代一品网络学堂"（http：//shidaiyipin.taobao.com）销售，立时销售火爆，好评如潮。许多人如获至宝，觉得终于找到了现货市场制胜的法宝，大感相见恨晚。

尽管这两本电子书籍受到了广泛好评，但是我还没有信心出版纸质书。因为我觉得还不够成熟，还缺少许多东西。

直到两年后，吸取了恩师杨文星传授的独一无二的盘顶盘底和多周期理论，以及我长期验证自己摸索出来的菜鸟操盘系统，和许多读者的宝贵意见，才有信心出版这本书。在出版此书的同时，也在92操盘网（www.92caopan.com）中给学员公开讲解菜鸟操盘系统。

为写作此书，我给自己取了个笔名——西游取金，以喻示在现货市场中赚钱的不容易。

这本书凝结着我的心血，不花哨，但很实用，虽然篇幅不长，但质量很高。

本书可以说是操盘速成秘籍，能让读者快速形成一套自己的操盘系统，并不断完善。读完本书不一定能让你成为顶级操盘手，但一定可以帮助你快速摆脱菜鸟头衔，踏上技术分析的大道；读完本书不一定能让你立刻赚到钱，但一定可以帮助你在最短的时间内告别亏损，享受赢利。

不过，个人水平毕竟有限，错误疏漏之处在所难免，恳请大家斧正。

有些过于基础的名词在本书中未做详细解释，有不明白的读者可以自己去百度，还请谅解。

目　录

惨痛的经历

我不是高手。

我曾经是超级菜鸟。

由于无法抵御现货投资的诱惑，我怀着满腔热血一头扎入了金市，却在不到两个月的时间里输得精光。我几乎陷入绝境。

可是我炒金的热情却始终没有熄灭，我觉得我就是为炒金而生的，困难，我从没有在意。当我坐在电脑前打开软件看到那跳动的K线图时，我觉得我拥有了一切。可以说，我是一个狂热的淘金者。

其实，从我进入这个市场以来，我就一直在学习，但总不见效果。每一次被套，或因砍仓而亏掉大笔钱，我都会进入一段痛苦的学习经历，努力学习新技术和查找失败的原因。然后恍然大悟，觉得这次真的成为高手了，就再次投入金市，然后再次亏损。就这样，没多久，我就把所有的资金输得精光。

在输掉所有资金后，我进入更加痛苦和专注的学习中。

我把自己关起来，静静地看着电脑上跳动的K线："这些K线如此优美，为什么我就看不懂它呢？"我不停地思考这个问题，终于，我下定决心要看懂这些K线。

几个月的时间里，我废寝忘食地研究着这些美丽的K线，不知熬过多少个通宵，不知走过多少弯路，终于有所收获。

有一天，我对自己说："我要再试试！"

我开始用自己学会的理论进行实盘操作，当然，只是小仓位的操作，因为我已经输不起。

还是亏，但是已经亏得少了，并且我清楚地知道亏损的原因何在。

一个月下来，我由亏到平，最后略有小赚。

这时，我做了一个现在想起来都胆战心惊的举动，我借了很多钱准备大干一场。

在贵金属投资市场，借钱是大忌，因为这会严重影响自己的心态。但当时初生牛犊不畏虎，我还真这么干了。换成现在，我绝不会借钱来炒金。

我没日没夜地坐在电脑前，也不知用了多长时间，我把我之前亏的钱全部赢回来并且还清了欠债。

就在我准备为自己庆祝的时候，一场打击将我击倒。经过这件事情，我才亲身体会到，一个人的情绪会对操盘造成多么大的影响。

沉痛的打击几乎将我打垮。好长时间我不敢碰电脑，当我调整好状态再次回到电脑前的那一天，我做了十几单，最后一看账单，却发现几乎都是亏损的。那些痛苦的往事始终在我的脑海里挥之不去，这使我做单的状态几乎为零。

又过了一段时间，我决定再试试，这次我用的是模拟单，却发现连模拟单我都赚不了钱。过后我再看那些失败的操作，发现自己总是在犯一些十分低级甚至愚蠢的错误。我的梦魇还没有消失。

我终于明白，我的心已经遭受了过大的打击，恐怕永远都不能恢复到原来的状态了，我不再适合做任何股票、金银一类的投资，恐怕这辈子都不能。

就这样过了很久，我才敢用小资金进行实盘练习。

但这时候的做单，已经不是以赢利为目的了，而是尝试各种操盘方法，找出其优缺点，因为我渴望更大的进步，在积累了足够多的经验以后，才有了这本书。

新手入门如何控制亏损

操盘什么最重要？不是赚钱，不是各种技术，而是保住本金。留得青山在，方能不断有柴烧。所以本书第一节，不讲技术，而是告诉大家如何控制亏损，保住本金。

很多新手炒贵金属不久就出现大幅亏损，有的甚至一夜亏掉几十万元。造成这种现象的主要原因是不会控制亏损。

那么如何有效控制亏损呢？

我们在网上和经典著作中能找到各种答案，比如亏损金额不能超过本金的多少分之一，止损金额和盈利金额要达到几比几才能下单等，诸如此类的答案五花八门。

这些止损方法不能说不对，但是真正执行起来却很困难。事实上，很少有人是按照这些原则来止损的，即使他们知道这种方法。其原因主要是嫌麻烦，老是要去计算几分之几、几比几，是很繁琐的事。

这里，我给广大新手朋友支一个招，这是一个大招，一招克服巨额亏损，让有柴之山始终常青。

我找到的适合于所有新手控制亏损的方法，其实只有一句话：一个月内的最大亏损额不能超过自己的承受能力。

多么简单的一句话。

举例说明。

假如我们月入 4000 元，再假如一个月亏掉 1000 元，对我们的生活不会造成什么影响，而如果亏损超过 1000 元，就会发生各种事情，比如生活开支受影响，爱人跟我们吵架，等等。那么，我们能承受的最大亏损就是 1000 元。如果亏损超过 1000 元，就会超过我们的承受能力。因此，如果这一个月的亏损额达到了 1000 元，那就要果断平掉所有单子，并且这一个月不能再做单。哪怕有再好的机会，99% 赢利的机会，也不再下单，这一点必须坚决！然后反思亏损原因，学习新技术，改进操盘方法，下个月再战。下个月又是新的开始，采用同样的方法控制亏损。

只要做到这一点，就可以绝对控制亏损，使得现货投资不会亏掉太多的钱，不会影响生活开支。

然后等我们的操盘能力成长起来，就能够迅速扭亏为盈，以前亏掉的那些小钱可以很快赚回来。

这一控制亏损的方法的优点在于，能够使投资者迅速认识到自己最大能承受多少亏损，如果达到了最大承受值，就要果断收手，避免越陷越深。

有人认为，我的贵金属账户中有 10 万元，就算这一周亏掉 1 万元还有 9 万元，不用担心。

这种想法是不正确的，除非我们一周赚的钱能超过 1 万元，不然眼看着账户中的钱越来越少，我们会很着急。对于技术本就不成熟的新手来说，若是再加上心态不好，那么更大的亏损就在前方等着我们。

玩贵金属投资，要像玩扑克牌一样。平时跟朋友打牌玩，如果输掉了月薪的 1/3，会让你觉得很心疼，这个月的开支有些困难了，那么就应该果断停止打牌，避免输更多的钱，千万不要妄想翻本把钱赢回来，这样的话，你可能会输掉更多的钱，以至不可收拾。这时我们应当坚决停止玩牌，看看别人玩牌学习一下玩牌技术，等到下月发工资了，再拿出一部分钱来玩，赢了继续，万一输光了就仍然停止玩牌，然后等下个月再来。这样输掉的钱不会对我们的生活造成很大的影响，而我们打扑克牌的技术却在不断进步，渐渐就能赢钱了。

许多人会有疑问：照这样下去，那岂不是很长一段时间都赚不到钱？

是的！

欲速则不达。凡事都得一步一步来，一口吃不成胖子。

如果你受不了这样的等待，明明已经亏了很多钱，还是要不停地做单想翻本赢回来，那么残酷无情的市场很快就会让你清醒过来。

这里同时涉及一个问题：我们应该怎样定位现货投资？是将它当作赚钱的工具还是纯粹的玩？

下一节回答这个问题。

怎样定位现货投资

许多人看到别人玩现货赚钱，于是就会问，现货投资是赚钱的工具吗？

许多人看了《以交易为生》，于是就会问，我们可以靠投资现货为生吗？

这是许多投资者困惑的问题。

也是许多炒金多年的老手没有解决的问题。

在这里，我可以非常明确地告诉大家：对于99.9%的人来说，现货投资既不是赚钱的工具，更不能靠投资现货为生。

要想真正赚大钱，还是要扎扎实实地去工作、去创业，决不能指望现货投资给你带来巨大财富，更不能梦想着不去上班，不去做其他事情，只靠现货投资赚钱来维持生活。只有极少数职业投资者才能有这样的想法。

那么现货投资到底应该怎样定位？

我的答案是一个字：玩！

所谓"玩现货"，就是指现货是用来玩的。就像扑克、麻将一样，只是用来玩的，只不过更高级而已。

玩扑克能赚钱吗？

能。但不能靠玩扑克来赚钱，当然，极极少数职业玩家除外。

玩现货能养活自己吗？

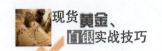

能。但不能存着"只靠玩现货来养活自己"的想法。极少数职业玩家除外。

同样的道理，我们也不能靠玩现货来发财。除了极少数现货玩家能够靠现货投资赚到很多钱，能够养活自己，能够发大财外，绝大多数人只能抱着玩玩而已的心态，从中寻找一些乐趣，娱乐一下自己。虽然能够赚到一些钱，甚至有时还能赚到很多钱，但绝不能指望靠它来赚钱养家，而应靠实实在在的工作来赚钱养家。

当我们明确了这个定位以后，现货玩起来就会轻松自在，乐趣无穷。否则的话，它就会带给我们灾难。

我再次提醒大家，现货投资是用来玩的。虽然这种玩法很高级，但不能成为生活的唯一。

对于绝大多数人来说，玩现货，更多的是为了玩一种乐趣，玩一种味道，虽然能够赚钱，但不能只靠这个来赚钱，更不能靠这个来发大财。

本书出版之后，很可能会遭来一片唾骂，包括很多平台公司及其分析师，以及一些现货投资者。因为我冒犯了他们，触犯了他们的根本利益。我颠覆了大家对现货投资的看法，与平台公司所宣传的截然相反，也给许多渴望靠炒金来发大财的投资者泼了一盆凉水，让他们很不舒服。

菜鸟进阶篇

　　菜鸟进阶篇写给不满足于做一个菜鸟，希望能更进一步有所提高的人。

　　经常看到群里面的那些老师或网上的评论，说在某点位做多、某点位做空，若突破某个点位则又看某点位……显得神乎其神。

　　其实，我们也可以做到。

　　现在我们就来学习这种技能。

　　等学完后，可能有人会说："原来如此简单！"

　　可就是如此简单的技能，我却耗费了无数的精力在网上找指标、找理论，去图书馆找书，走过无数弯路，亏损许多金钱，历经无数痛苦，最后才学会这些技能。其间艰辛，难以尽言。

　　现在，我把我的经验告诉大家。

　　做单无非三个要素：入场、出场、止损。

一、入场

　　入场的关键在于找准压力位和支撑位，如果是上涨趋势，我们就在支撑位做多；如果是下跌趋势，我们就在压力位做空。

　　那么怎么寻找压力位和支撑位呢？

笔者总共总结了八种方法。

方法一：斐波纳契折返（就是黄金分割，外国人把黄金分割叫斐波纳契）

可能有人要说："什么？黄金分割？我的看盘软件里就有这个画线工具啊，我几乎从不用它，这么普通的东西能有用吗？"

这样的提问并不奇怪，我当初也不相信黄金分割这个尽人皆知的工具有什么用，吃尽苦头之后才发现它的无穷威力。

黄金分割！每个人的看盘软件里都装有这个工具，可是却很少有人知道如何去用它。

关于黄金分割在自然界的传奇，我不想多说，大家自己去百度一下。

但是有一个人却不得不说，他就是帝纳波利。

黄金分割早已不是秘密，世界上利用黄金分割进行交易的人很多，也有很多这方面的著作。帝纳波利是目前将黄金分割运用得最好的人之一。他是世界有名的投资大师，他所运用的点位交易法素享盛名。他写了一本蕴含他数十年操盘经验的著作《帝纳波利点位交易法》，在美国的售价是 162 美元，相当于 1000 多元人民币。但即使如此，他也不愿意把他的方法告诉别人，因为他觉得，一种方法知道的人多了就不灵了。所以我们很难找到一本书完整地介绍他的操作方法，他的点位交易法理论散见于各种讲座资料和书籍、笔记中，就连他自己写的《帝纳波利点位交易法》一书都有些含糊其词，我耐着性子读了好多遍，还是有很多不明之处。

限于篇幅，这里不多说了，强烈建议各位读者朋友去百度一下帝纳波利以及他的作品。拜读大师经典是投资者的必修功课。

不过，说句题外话，有幸帝纳波利是西方人，如果他是中国人，那我们将很有可能看不到他的大作了。

因为现在的中国，侵犯版权现象非常严重，《帝纳波利点位交易法》一书竟可以在网上免费获得。帝纳波利本来就不愿意公开他的投资秘诀，如果他知道他的著作会被人们免费传播，那他无论如何都不会公开自己的秘诀了。（如果我写的这个作品会被人们免费传播，我也绝不会写，换做是你也会一样的）在中国盗版横行，致使写作者蒙受巨大损失，从而不愿意写作。

人们因购买盗版，看起来得到了便宜的作品，可其实蒙受了巨大的损失，因为写作者从此不愿再公开自己真正有价值的东西了。到那时，即使我们想花钱去看优秀的作品也看不到了。

马云曾说："免费是最大的付费。"

此话一点不假。

言归正传，让我们来看看如何利用黄金分割来寻找压力位和支撑位吧。

我们要用到的黄金分割比率是 0.191、0.236、0.382、0.50、0.618、0.764、0.809，其中用得较多的是 0.382、0.50、0.618。我在平时看盘时也主要用这几个。

先看下面几幅图。

图1

图2

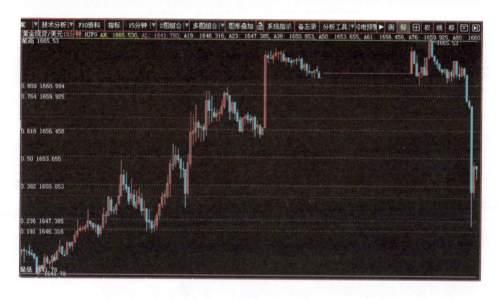

图3

看清楚这些图了吧，从图中很容易发现，价格每一次波动的顶端或底端，是多么准确地落在那些黄金分割线上。由此可见，这些黄金分割线具有神奇的压力或支撑作用。

如果早知道这个秘密，我们就不会随便找个点位下单，而知道应该在黄金分割点处下单，单是这一点就可以使我们操作的失误率大大降低。无奈，连我自己都是在历经无数痛苦、亏掉大量钞票之后，才发现这个秘密。

下面我们就来看看具体怎么使用黄金分割。

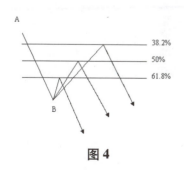

图4

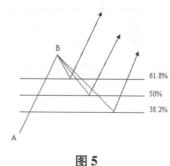

图5

菜鸟扫盲——黄金分割线的画法：用软件自带的画线工具，点击 B 点，再拖到 A 点，再点击 A 点，然后松开就可以了。在大智慧软件中是由 A 拖到 B。但我自己画线时很随便，有时候会反过来画，其实这无关紧要，因为反正就那几个分割位，正画反画都一样。

图 4 中，由一个明显的高点 A 运行到 B 发生反弹，当反弹到 AB 之间距离的 38.2%、50%、61.8% 处时，会受到压力，那么这三处就是压力位。

图 5 中，由一个明显的低点 A 运行到 B 发生回调，当回调到 AB 之间距离的 38.2%、50%、61.8% 处时，会受到支撑，那么这三处就是支撑位。

来看实例：

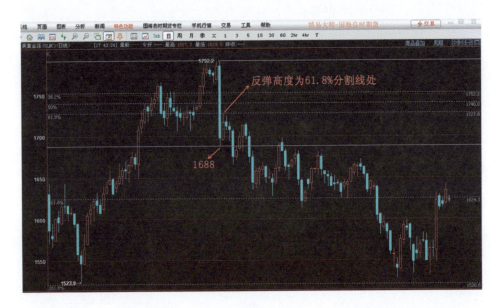

图 6

图 6 中，价格从 1792 美元跌到 1688 美元，然后反弹到 1727.8美元这个 0.618 分割线处。（注：图 6 为美黄金分割走势图。美黄金连和现货黄金的走势是完全一样的，只是价格略有区别，如图 6 中的 1792 美元最高价位处，在现货黄金中是 1790 美元）

图 7

图 7 中，价格从 1650 美元涨到 1766 美元，然后回调到 0.5 分割线处，得到支撑后，再次上行。

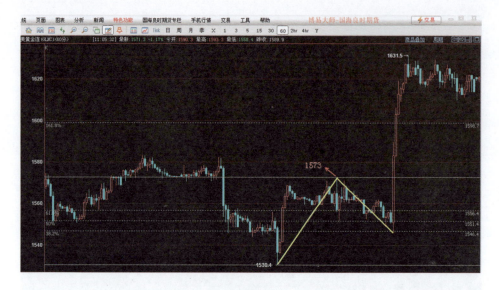

图 8

图 8 是 2012 年 5 月 30 日到 6 月 1 日非农爆发的一波行情，价格从 1530.4 美元上涨到 1573 美元，然后回调到 0.382 分割线处得到支撑，受非农刺激后，价格暴涨。

有几点需要说明：

（1）并不是所有的压力位或支撑位都是由这三个黄金分割位所确立的，只是大多数情况是这样。有时候也会由其他分割位确立，比如 23.6%、76.4% 等，如：

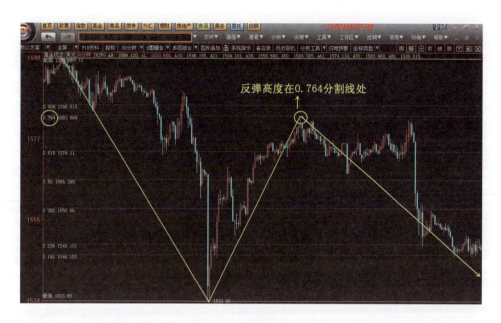

图 9

　　在软件自带的画线工具中，通常只有 0.618、0.382、0.5 三条分割线，所以我在我的自编指标中，加入了其他分割线，并且可以根据软件当前画面的最高点和最低点自动显示黄金分割线，缩放或移动画面时，分割线会跟着移动。本书中所有经我修改的自编指标和指标安装方法，请到 92 操盘网（www.92caopan.com）下载。

　　（2）黄金汇聚：不同波段或不同周期的黄金分割线，相隔很近或完全重叠，则此处所受压力或支撑，比单一黄金分割线要大。如：

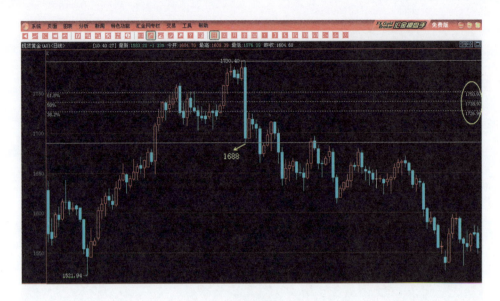

图 10

图 10 中，价格从 1790 美元狂跌到 1688 美元，往上反弹有三个黄金分割位可供选取（注：画黄金分割线时，从 1688 美元拖到 1790 美元或者从 1790 美元拖到 1688 美元均可，无关紧要），其点位分别为 1728 美元、1740 美元、1752 美元。

怎么确定是哪一个分割位呢？

我们再来参照一下另一个波段的分割位，看有没有黄金汇聚。

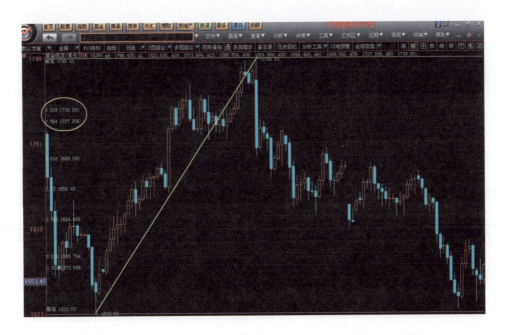

图 11

从图 11 中可以看出，从 1522 美元涨到 1790 美元再跌到 1688 美元，往上反弹时会遇到两个黄金分割位，分别是 0.764 和 0.809 分割位，其对应点位分别为 1727 美元和 1739 美元（图中画圈处），分别与图 10 中的两个分割点位 1728 美元和 1740 美元十分接近，则 1727 美元到 1728 美元形成一个黄金汇聚区域，1739 美元到 1740 美元形成一个黄金汇聚区域。

那么价格会在这两个黄金汇聚区域内受到非常大的压力，很可能在其中一个区域处见顶继续下跌。

这样我们就把可供选择的点位范围缩小了，但还是有两个点位范围，怎么确定呢？

来看看当时的形势，当时美联储主席伯南克没有在讲话中暗示 QE3，投资者大失所望，金银价格一夜暴跌了 100 美元，多头遭遇致命打击。在这样的情况下，可以预料多头基本上大势已去，

所以，黄金的反弹力度必定十分有限，在反弹到第一个黄金汇聚区域 1727 美元～1728 美元处时，很有可能冲不过，而见顶回落继续下跌。事实恰恰如此。

所以，要寻找黄金汇聚区域，我们需要综合看各个周期，包括月线、周线、日线、4 小时线、小时线、30 分钟线、15 分钟线、5 分钟线等不同周期的黄金分割。另外，大周期中的分割线的压力或支撑作用往往强于小周期中的分割线。如，日线中的分割线的支撑或压力作用强于小时线中的分割线的支撑或压力作用。

（3）压力位或支撑位是一个区域，不是一个绝对的具体点位。假如我们计算出来的压力位是 1720 美元，那么 1720 美元附近的点位如 1717 美元、1724 美元等，都是有效压力范围。取压力或支撑位时，取个大概范围就行了，不必过于精确。例如图 12。

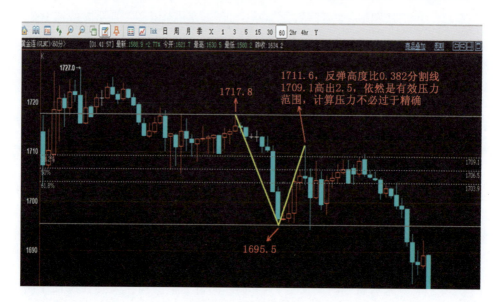

图 12

（4）压力位或支撑位只是表明价格会在这里受到压力或支撑，并不是说不能突破这个压力位或支撑位。

一个压力位一旦被有效突破，这个压力位就转化为支撑位；反之，若支撑位被有效突破，这个支撑位就转化为压力位。这种方法也是判断压力和支撑的一种有效的方法。如：

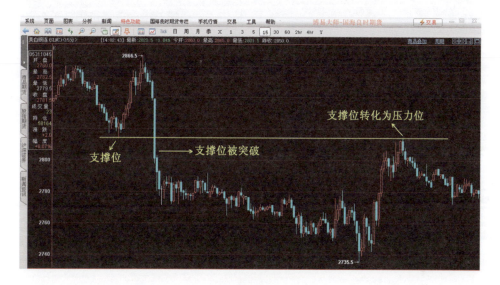

图13

图13中黄色水平线是支撑线，当价格从2866.5美元开始往下大幅跌破这个支撑位后，又再次涨到黄线处时，前期的支撑位就转化为压力位，对价格形成压力。

图14中，价格从1612美元涨到1655美元处受压下行，表明1655美元处是压力位，随后价格再次往上冲击1655美元压力位并大幅突破，突破后回调到1655美元处受到支撑，然后继续上涨。这是压力位被突破后转化为支撑位的典型例子。

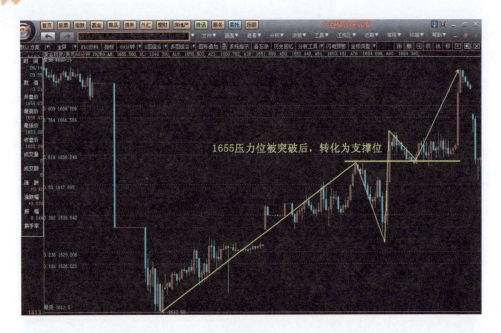

图 14

方法二：趋势线

这种方法相信多数人都会，很简单，连接各高点或低点，就有了趋势线。

在上升趋势中，连接各低点得到上升趋势线，对价格构成支撑，价格每靠近趋势线，就会受到支撑继续上行，直到最后趋势线被跌破。

在下降趋势中，连接各高点得到下降趋势线，对价格构成压力，价格每靠近趋势线，就会受到压力继续下跌，直到最后趋势线被突破。

趋势线要包含大多数低点或高点，并且不能太陡峭，越接近45度角越好。

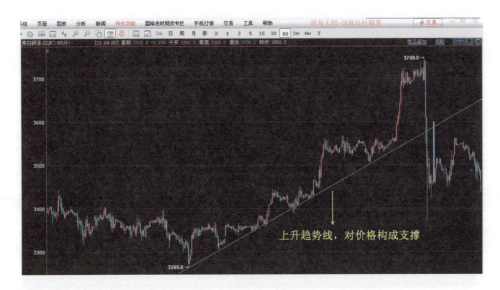

图 15

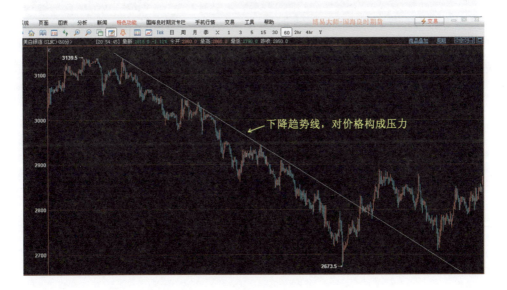

图 16

图 17

图 17 是分时走势的上升趋势线，对价格具有支撑作用。

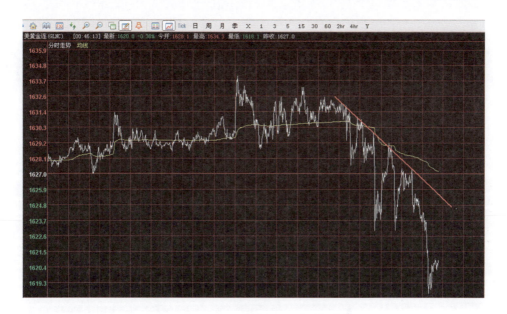

图 18

图 18 是分时走势的下降趋势线，对价格构成压力。

方法三：盘整形态

有时候没有明确的趋势，而是处于盘整阶段，那么其盘整区域的上下边就构成了压力或支撑。大幅上涨或下跌后，价格往往会进入盘整形态，盘整之后的突破方向就是行情的真正方向。不过，突破方向往往跟原来的方向是一样的。

（1）箱型盘整：大幅上涨或下跌后的盘整，价格的高低点连成两条平行的水平线。

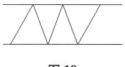

图 19

（2）旗形盘整：大幅上涨或下跌后的盘整，价格的上下边连成两条倾斜的水平线。

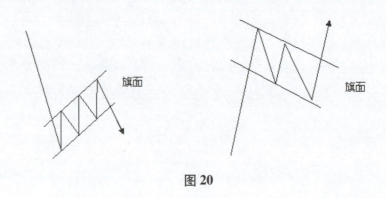

图 20

（3）三角形盘整：包括正三角形、上升三角形和下降三角形盘整。

正三角形：大幅上涨或下跌后的盘整，价格的高点逐渐降低，低点逐渐抬高。

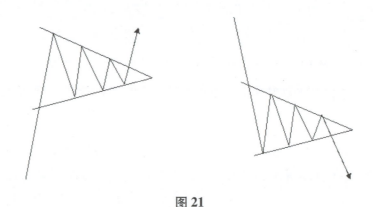

图 21

上升三角形：大幅上涨或下跌后的盘整，价格的高点不变，低点逐渐抬高。

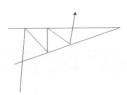 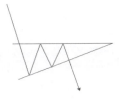

图 22

下降三角形：又叫下跌三角形，大幅上涨或下跌后的盘整，价格的低点不变，高点逐渐降低。

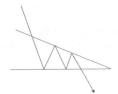 

图 23

下面为图形实例：

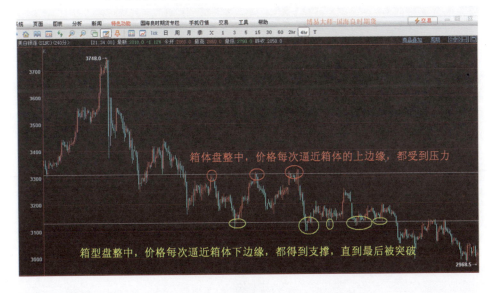

图 24

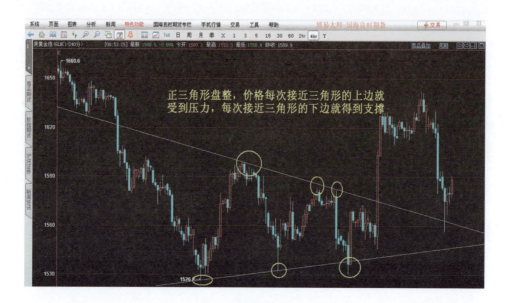

图 25

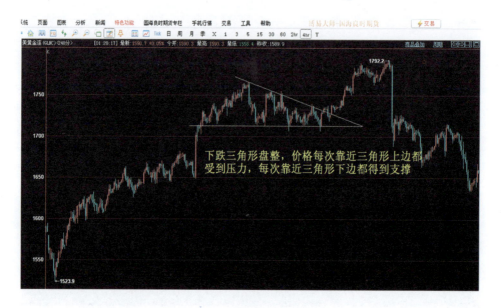

图 26

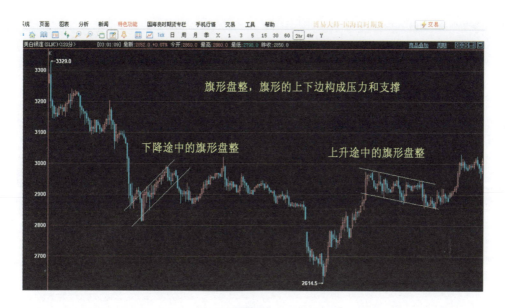

图 27

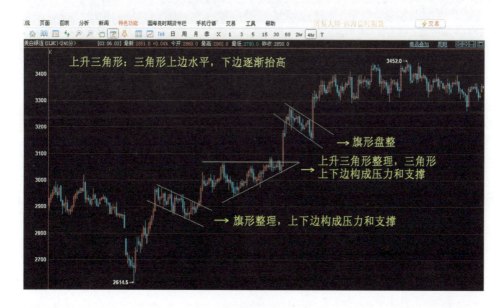

图 28

如果你还不明白什么是箱型、正三角形、下跌三角形的话，可以去百度一下。

需要注意的是，这些盘整形态多为中继形态，也就是说盘整完后，价格多数情况会按照原来的方向前进，只有少数情况会发生趋势逆转。比如图28中的旗形整理发生在上涨趋势中，整理完后价格继续上涨。把握这个特点对我们很有好处，因为我们可以顺势做单。比如在图28中，我们可以在价格靠近旗形下边时做多（做多为顺势），而在靠近旗形上边时我们少做或做空，因为做空为逆势。只做顺势，不做逆势。

方法四：均线

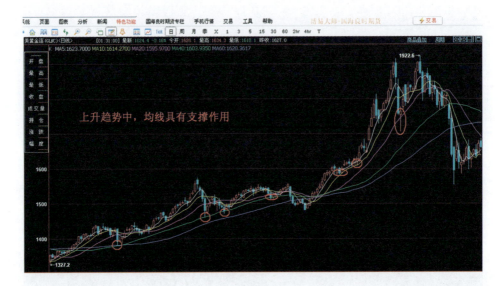

图29

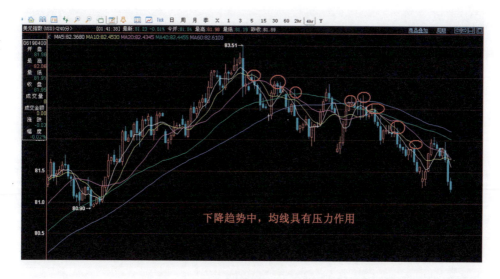

图 30

从图 29、图 30 可见，均线对价格的支撑或压力作用随处可见（见图中画圈处）。需要注意的是，均线主要用在日线级别中，1 分钟、5 分钟级别的均线压力或支撑作用是很小的。不过均线有很多，怎样选择均线对于初学者来说具有一定的难度，常见的均线组合是 5 日、10 日、20 日、40 日、60 日等 5 条均线的组合，不过我发现，这样的组合使得软件的画面很复杂，而且很难实际运用，实在是既不中看也不中用。经过长期摸索，我发现一组较为实用的均线组合，并总结出一套有效的运用方法，后面会介绍。读者朋友也可以自己尝试修改均线，直到自己满意为止。

方法五：分时均线，又叫均时线

点击分析软件工具栏上的"走势图"按钮（见画圈处），或点击工具栏上的"图表"，再选择分时图，即可看到分时走势。分时走势图见图 31。

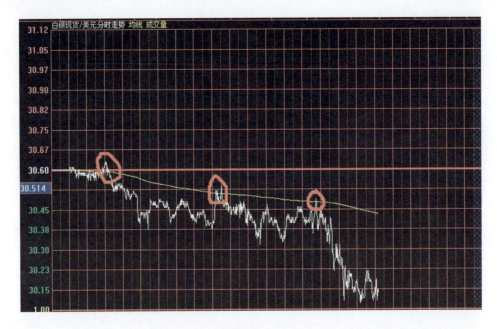

图 31

图 31 中，白线是分时走势，黄线是均线，都由软件自动画出。图 31 是在下跌趋势中，可以看出分时均线对价格具有压力。

当然，如果是在上升趋势中，分时均线会对价格构成支撑。这里我就不举例了。

分时走势图很多时候比较混乱，实用性不高。

方法六：整数位

整数位具有压力或支撑作用。

当黄金或白银的价格波动到一个整数位时，许多投资者会选择先平仓出来，于是价格会在这里受到支撑或阻力。

实际操作举例：如果我们从 1715 美元做空黄金到 1700 美元整数位附近时，我们应该减仓或全部平仓，如果价格有效突破

1700 美元整数位，我们还可以继续择机做空；同样，如果从 28.5 美元做多白银到 29.0 美元整数关口附近时，我们也应该减仓或全部平仓，如果价格有效突破 29.0 美元整数位，我们还可以继续择机做多。

方法七：布林线

布林线是投资大师约翰·布林格根据统计学编写的公式，为此布林格还专门写了一本书《布林线》来说明其用法。布林线的上轨和下轨分别对价格具有压力和支撑作用，中轨在上升趋势中具有支撑作用，在下降趋势中具有压力作用。

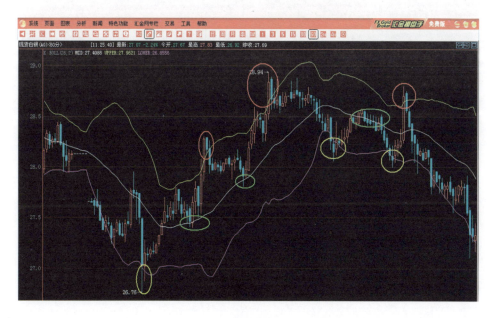

图 32

图 32 中画红色圆圈处，白银价格大幅超出布林线上轨后，受压发生回调；黄色圆圈处，白银价格大幅跌出布林线下轨后，受

支撑发生反弹；绿色圆圈处，上升趋势中中轨具有支撑作用，下跌趋势中中轨具有压力作用。

方法八：前期高点或低点

前期的高点形成压力，前期的低点形成支撑。

这在日线图上尤其表现明显。

如图33：

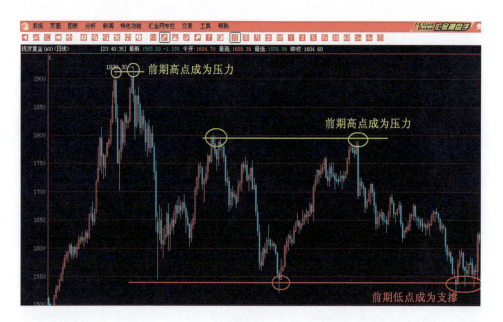

图33

小 结

到现在为止，我们已经知道了好几种寻找压力位和支撑位的方法，那么实际操作的时候，用哪一种呢？

答案是综合运用。

每一种方法都拿来分析一下，看看哪一种比较合适。至于究竟选哪一种，我就无法教大家了，有时可能只需要选择其中一种方法就够了，有时可能要几种方法同时使用，具体如何得靠自己判断。就像打篮球，教练可以教你很多种进攻、防守的方法，但到了比赛中，究竟运用哪一种方法，得靠自己临场发挥。

随着经验的积累，我们就能运用各种方法，较准确地找到压力位或支撑位，而且还会有一些心得。比如：

价格经过一波下跌后发生反弹，反弹的点位有三个可能的黄金分割位，而其中一个分割位恰好落在前期支撑线上或下跌趋势线上，那么我们应该选择这一个分割位作为有效压力点位。

没有把握的时候最好空仓观望，然后去寻找规律。如果我们发现价格正在进行旗形盘整，或者到达一个黄金汇聚区域不能突破而形成见顶或见底形态（何为见顶或见底形态，书的后面有介绍），等等，找到这样的规律后我们就可以得出较准确的判断了。

刚开始我们很可能还不能很好地运用这些方法去找到压力位或支撑位，但时间一长，随着经验的积累，我们会越来越熟练，还会有很多新的体会。

给大家讲一个故事。

有一次，我在网上邂逅一位聊得很熟的炒金者，他正看完一部电影，我就叫他分析一下当时的行情，他说稍等。大约 10 秒钟后，他告诉我价格回调到哪里会遇到强大支撑，在此处做多比较合适。听完他的话，我大吃一惊，因为我运用了画线、黄金分割、形态、消息面等多种分析方法，花了十来分钟才得出和他一样的结论，而他居然只需要看一眼就可以了。

我问他为什么能如此快而准确地得出结论，他说看多了自然就快了。刚开始也很慢，他就不断训练自己。在看盘软件上复盘，一段行情一段行情地分析，不断问自己价格为什么会在这里上涨？为什么会在那里下跌？这样强化训练了大概半年，有一天，他突然发现自己具有了这样的本领：只要稍微仔细地看一下盘面，甚至都不需要拿画线工具去画线，就能判断出行情的未来走势，而且八九不离十。后来他才知道，这就叫盘感。

这位朋友的故事告诉我们，压力位和支撑位的判断不是一学就会的，我们需要很多的训练，积累足够的经验才能学会。但只要我们努力，不仅能够学会，而且还能达到很高的境界。

下面我们来说说做单的另一个要素——止损。

二、止损

止损点位的设置

止损有好几种方法，最有名的要数关键点位止损法。在看了上篇的压力位和支撑位的寻找方法后，我们对关键点位有了更深的认识。这里把关键点位止损法用图形说明，以更加形象。

关键点位止损：比如做空，就把止损位设在某重要压力位的上方，如果价格反向到达止损位时，我们就止损出局或通过设置让系统自动平仓。一般为有一定技术基础者采用。

这种止损方法能够最大限度地避免错误止损。

如图34：

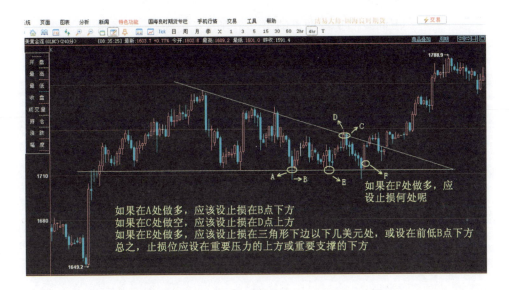

图34

止损金额的设置

这个没有定论，可以根据自己的承受能力来止损。但黄金一般为 5～10 美元，白银一般为 0.2～0.4 美元。我一般把黄金的止损位设在 10 美元左右，少数时候也会把止损设得很大。因为黄金市场波动很大，如果我们设的止损位太小，随便来个波动，就被止损了，但是最后价格还是会按照我们下单的方向走的，这样岂不很可惜。

图34 中，如果在 F 处做多，我们可以把止损位设在前低 B 点下方，或把止损位设在三角形下面那条边以下 10 美元处。

止损金额的最大值，不能超过自己的承受能力。比如某人一月能承受的最大亏损为2000元，那么他所设止损金额就不能超过2000元。

这在前面已经讲过，这里不再赘述。

下面我们来看做单的第三个因素：出场。

三、出场

出场的位置很重要。

出场过早，会错过很多利润。

出场过晚，价格的回调或反弹又会吞噬掉大量利润。

那么在何处平仓出场？

出场的方法有很多，这里介绍一种。更多方法，将在"92操盘"网VIP学员中讲解。

投资大师帝纳波利有一个非常有名的点位公式，这个公式令他在投资界名声显赫。

可是我在亏掉所有资产的3/4之前，却从未听说过这个公式。即使是现在上网去搜索，对于这个公式的介绍也十分有限，我花费大量时间才弄懂这个公式。

帝纳波利点位

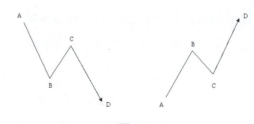

图35

如图35，若价格从一个明显的高点或低点 A 运动到 B，然后折返到 C，再按原来的方向继续运动到 D，则 D 有三个可能的点位，可以用帝纳波利点位公式计算出来：

①$D_1 = C + 0.618 \times (B - A)$

②$D_2 = C + 1 \times (B - A)$

③$D_3 = C + 1.618 \times (B - A)$

这三个点位在帝纳波利的点位交易法中，分别叫作 COP、OP、XOP，笔者把它改为 D_1、D_2、D_3，你也可以把它叫作 E、F、G。

三个可能的点位中，第二个点位较常出现，据笔者统计，占 70% 以上概率。实际运用时须根据行情的强弱、所处的形态、位置等实际情况来确定究竟选择哪个可能的点位。

帝纳波利的点位公式可以用在 1 分钟、3 分钟、5 分钟、15 分钟、30 分钟、60 分钟、240 分钟、日线、周线等几乎所有周期中，并适用于几乎所有投资市场，例如股票、期货、外汇、现货黄金、现货白银等。

找准 A、B、C 点很重要。A、B、C 点要求是明显的高点或低点。初学者刚开始可能找不准，没关系，慢慢就能学会。

计算出来的点位会有一定的误差，运用 60 分钟及以下周期计算时，误差通常在 5 美元左右，运用在日线周期中，误差会在 10 美元左右。运用的周期越大，误差也就越大，不过这不会有什么影响，假如我们是以天为周期的投资者，做一单需要几个星期甚至几个月，这期间黄金的波动可以高达上百美元，区区 10 美元的误差算得了什么呢。多数黄金投资者为短线投资，运用 5 分钟、15 分钟、30 分钟、60 分钟等周期比较多，也较容易找准 A、B、C 点。

实际计算的时候，我们没必要用计算器去计算，我们可以建一个 EXCEL 文件，然后输入公式，这样以后只要输入数据，就可以自动计算出结果，大大加快了速度。如果你不懂得运用公式的话也没关系，笔者已经做好了编好公式的 EXCEL 文件，各位拿来就可以直接使用。来看实例：

图 36

这是一段 3 分钟周期的行情，我们先找到高点 1591 美元，发现价格从 1591 美元跌到 1585.9 美元（为了验证公式，取了小数点，实际操作时不必这么精确），再反弹到 1588.7 美元，然后会跌到哪里呢？假设跌到 D 点，运用公式：

$D_1 = C + 0.618 \times (B - A) = 1588.7 + 0.618 \times (1585.9 - 1591.6) = 1585.5$

$D_2 = C + 1 \times (B - A) = 1588.7 + 1 \times (1585.9 - 1591.6) = 1583.6$

$D_3 = C + 1.618 \times (B - A) = 1588.7 + 1.618 \times (1585.9 - 1591.6) = 1580.4$

如果我们取 D_2，即 1583.6 美元，则与实际点位 1581.5 美元相差 2.1 美元，在误差范围内。

其余点位我就不一一计算了，没那个必要。这个公式是帝纳波利发明的，其正确性毋庸置疑，我只是告诉大家怎么去计算而已。

会算了吗？还等什么！马上去算算上图中其他点位，亲自动手才能学会。

再来看看一段 15 分钟周期的行情。

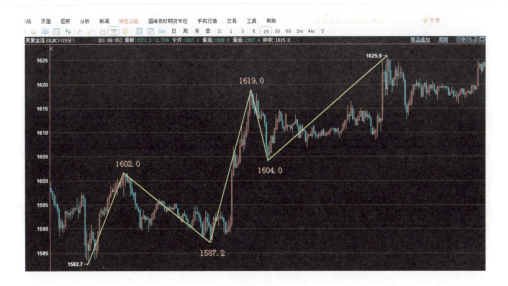

图 37

这是一段 15 分钟周期的上涨行情，这次我们要计算出 1619 美元和 1625.9 美元两个目标点位，看看我们是否已经学会计算。

1 619 美元处点位的计算：价格从 1582.7 美元涨到 1602.0 美元，再回调到 1587.2 美元，然后会涨到哪里呢？

$$D_1 = C + 0.618 \times (B - A) = 1587.2 + 0.618 \times (1602 - 1582.7)$$
$$= 1599.1$$

$D_2 = C + 1 \times (B - A) = 1587.2 + 1 \times (1602 - 1582.7) = 1606.5$

$D_3 = C + 1.618 \times (B - A) = 1587.2 + 1.618 \times (1602 - 1582.7) = 1618.4$

如果我们取 D3，即 1618.4 美元，则与实际点位 1619 美元只相差 0.6 美元。简直太精确了。

1625.9 美元处点位的计算：价格从 1587.2 美元涨到 1619.0 美元，再回调到 1604.0 美元，然后会涨到哪里呢？

$D_1 = C + 0.618 \times (B - A) = 1604.0 + 0.618 \times (1619 - 1587.2) = 1623.7$

$D_2 = C + 1 \times (B - A) = 1604.0 + 1 \times (1619 - 1587.2) = 1635.8$

$D_3 = C + 1.618 \times (B - A) = 1604.0 + 1.618 \times (1619 - 1587.2) = 1655.5$

如果我们取 D_1，即 1623.7 美元，与实际点位 1625.9 美元相差 2.2 美元，同样非常精确。

通过上面的实例我们发现，在实际运用中，有时候取 D_1，有时候取 D_2，有时候取 D_3。具体取哪个点位，得根据行情强弱及压力支撑来定。

若行情较弱我们取 D_1；若 D_3 处有很大的压力，而 D_1、D_2 处不是压力位或只是一个较小、较容易突破的压力位，同时又受到什么消息的刺激，行情较为强势，此时我们可以取 D_3；平常多数时候我们取 D_2。

帝纳波利点位的优化

帝纳波利的点位公式其本质是黄金分割，笔者在实际操作中发现可以加入其他黄金分割率，于是就有了 D_4 和 D_5。

$D_4 = C + 2 \times (B - A)$

$$D_5 = C + 2.236 \times (B - A)$$

用到 D_4 的行情是极端强势或极端弱势的行情，这样的行情一年难得碰到一两次，实际操作时几乎不用考虑，但我们不能否认它的存在。同时也告诉我们，帝纳波利的点位计算方法其本质是黄金分割的运用，如果你喜欢，也可以加入其他的黄金分割率。但我们完全用不着这么做，因为帝纳波利的点位计算方法虽不是百分之百正确，但据我统计，正确率也在95%以上，这已经是一个非常高的概率，这样高的准确率，对于我们已经足够。当今世界，没人能做到百分之百的准确，因为投资本身就是一个概率事件。

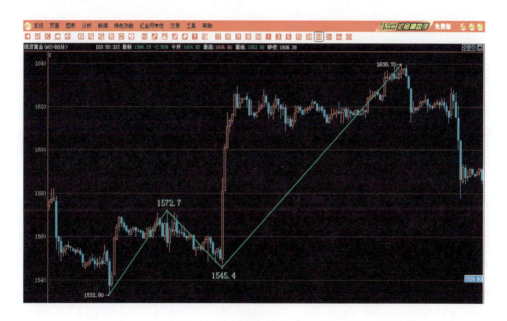

图 38

图 38 是现货黄金 60 分钟图，当时恰逢 2012 年 6 月 1 日晚公布非农数据，黄金从 1545.4 美元一口气涨到 1639.7 美元，涨了

90 美元，据说是创有史以来单日最大涨幅。因为行情过于强势，这时，可以用到 D_4 或 D_5。

$D_1 = C + 0.618 \times (B - A) = 1545.4 + 0.618 \times (1572.7 - 1532.9) = 1570.0$

$D_2 = C + 1 \times (B - A) = 1545.4 + 1 \times (1572.7 - 1532.9) = 1585.2$

$D_3 = C + 1.618 \times (B - A) = 1545.4 + 1.618 \times (1572.7 - 1532.9) = 1609.8$

$D_4 = C + 2 \times (B - A) = 1545.4 + 2 \times (1572.7 - 1532.9) = 1625.0$

$D_5 = C + 2.236 \times (B - A) = 1545.4 + 2.236 \times (1572.7 - 1532.9) = 1634.4$

我们发现，取 D_5 是较为准确的，与实际价格 1639.7 美元只相差 5.3 美元，60 分钟周期计算出的点位还能如此精确，实在出乎人的意料。读者朋友，你是否也感到惊叹？别等了，现在就打开你的软件，用 60 分钟周期回到当时的行情，然后自己计算一遍，体会一下奇迹的感觉。

那么，面对这样的行情我们如何操作呢？因为我们很少会用到 D_4 或 D_5，所以当时我们的操作应该在 D_3，即 1609.8 美元附近平掉 90% 以上仓位，只留少量仓位去搏取更多利润。当行情到达 1634 美元附近时我们全部平仓，并结合其他分析考虑做空。如通过日线图的趋势线发现，1640 美元处正处在下降趋势线上（见图 39），而这里又正好在千载难逢的 D_5 附近，两者结合，此处必有奇大压力，此时我们就可以大胆做空。

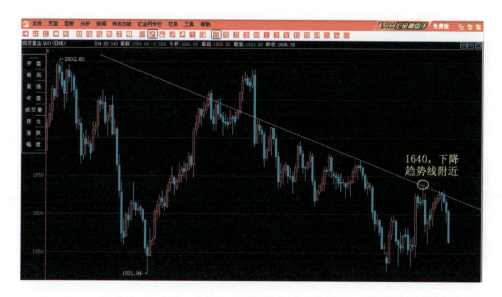

图 39

　　读者朋友，我已将点位计算的精华内容告诉各位，尤其是新手朋友，学习之后定会感到受益匪浅。但通过这一过程的学习，并不等于就掌握好了点位的计算，现在的我们只是学了理论，还需要反复复盘验证和在实盘操作中的经验积累，然后才能生巧（比如渐渐学会观察美元的压力位和支撑位，用来作为贵金属走势的辅助判断）。切切记住，经验是不可代替的，没有谁能够完全教给我们，我们一定要反复操作、反复思考才能解决一些实际问题并积累足够的经验，才能真正掌握点位的计算。

　　赢钱不是一件容易的事情，需要付出艰辛的劳动。

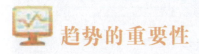

趋势的重要性

投资界有句铭言："趋势为王。"

为什么不说点位为王呢？因为趋势比点位更重要。

如果趋势做对，即使进场点位不够好，也能全身而退，甚至盈利；但如果趋势做反，即使进场点位再好，也很容易亏钱。逆趋势做单，就像是抢银行，虽然进场点和出场点等都计划得很周密，有时也能成功，但成功率太小，冒的风险太大，最后得不偿失。

那么怎么把握趋势呢？

答案是两个，看基本面和技术面。笔者要谈论的主要是技术面。

分析技术面要用到很多指标。

许多新手朋友会觉得，自己的分析软件中虽然装了很多指标，却没有一个中用，而别人的软件中装了各种自编指标，看起来花花绿绿，十分厉害，因而大为羡慕并花费大量时间在网上找指标，更有人花费数千元购买各种软件……

我也是从新手走过来的，对于这些问题感触良深，曾为此付出惨痛的金钱代价和亿万脑细胞的痛苦思考。我从无数零散的资料中寻找解决方法，从痛苦的操盘经历中进行反思，最后才走出这道弯路。我深深地知道每一个投资者在技术入门阶段所面临的迷茫和痛苦，故此，我把自己的这些经验贡献出来，以帮助大家学会科学地运用指标，正确地判断趋势，尽快摆脱菜鸟的头衔，迈入技术分析的大门。

判断趋势的三大指标

在前面的章节中，我为大家讲解了利用黄金分割来分析压力位、支撑位，以及目标点位，让投资者可以找到较为准确的下单、平仓和止损点位，但并没有告诉大家怎么去判断趋势。下面，我将告诉大家如何运用一些指标去判断趋势，这些指标及其用法，都是我的技术理念的精华。

一打开盘面，我们就会看到各种指标，系统默认的指标一般是 K 线、均线、MACD 等。

我的软件也是这样。

刚开始的时候，我不知道各种指标的用处，觉得很难看懂。但自学了一段时间后，有了一定的收获，原来指标这么简单，三下五除二就能搞定。再过一段时间，又会觉得，原来这些指标根本就不中用，按照指标说明去运用，却每每发现错误。这时我会转而去寻找其他指标，再把看盘软件中带有的各种指标都试了个遍后，却发现没一个有用的，于是开始去寻找各种自编指标。

此时我发现别人的软件中的指标花花绿绿，煞是好看，用起来似乎超准，于是大为神往。经过询问得知，那是他们自编的指标，这令我崇拜不已。我想要他的指标，他却不肯给。于是我就去网上找，没日没夜地穿梭于网络上无尽的指标海洋中，什么变色均线、微积分 MACD、多空提示、麟龙四量图、优化 DMI、主力进出、资金能量、邱氏量法、量能八卦……凡是网络上能找到的各种指标，我都会满怀热情地去试一试，每发现一个"好"指标，都会兴奋得一晚上睡不着觉，以为总算找到了一样能横扫天下的神兵利器。

一段时间后，我却无比痛心地发现，那些原来以为很灵的自编指标其实并不灵验，于是我又开始寻找下一个指标。

然后，我继续失望。

后来，我开始怀疑那些指标的有效性。

我发现，MACD、KDJ等这些最普通、"最没用"指标的发明者，哪一个不是世界级的大师？他们运用自己发明的指标取得了巨大的成功，网络上那些普通投资者写出来的指标会比大师的指标还要准确吗？我不排除有这种可能性，可是这种可能性实在是太小了。

有一天，我如梦初醒，其实，世上最好的指标已经装在我们的软件中，它就是那些被我们认为最没有用、最普通平常的指标——MACD、KDJ、RSI、BOLL、均线，等等。我们之所以觉得它们没用，是因为我们不会用。

指标就像剑，光有剑不行，还得有高超的剑法。有了高超的武艺，再普通的兵器都能发挥出非凡的威力。

一把剑，到了赵云手中，可以纵横敌阵，而如果在凡人手中，它只不过是一把普通的剑；一把刀，到了关羽手中，可以过关斩将，而如果在凡人手中，它只不过是一把普通的刀。

认识到这一层，我不再去理会网络上那些五花八门的指标了，而是把精力放在了如何用好软件中那些普通而又神奇不凡的指标上。

一般软件中都会自带几十上百个指标，我们有必要去运用每

一个指标吗？当然没必要。我们无需学会十八班兵器，只要精通其中一样或几样就行了。关羽只凭一把刀，张飞只凭一杆矛，照样横行天下。兵器不在多，在于精。

我的恩师杨文星的盘顶盘底和多周期理论可谓独具匠心，令我万分崇拜，但他所运用的指标也只有布林线等三个而已。

因此，我虽然接触过许多指标，但我并不打算把它们都介绍给读者，我会把几个最常用，而又最为大家所忽视，最普通而又最神奇、最博大精深的指标介绍给读者，我还将这些指标进行了一些优化。

在这里我必须说明，很多指标都是需要优化的，这就像一样兵器不可能适合所有的人一样，因为有的人身高手长，有的人身矮手短，有的是左撇子，有的是右撇子……这就需要打造一把适合自己的兵器。指标参数的选择、线条的粗细、颜色的深浅等，都可以根据自己的需要进行优化。

对于新手来说，东西学多了反而贪多嚼不烂，甚至每样都只是学些皮毛，结果什么都没学会。本书没有讲解很多指标，而是把少数几个指标的用法进行深入讲解，让初学者可以快速掌握各个指标的使用精髓，并将其组合运用。在实战当中，体会运筹帷幄、果敢决断的快感。

不过，学无止境，我又水平有限，还望读者朋友不断阅读其他著作，吸收新的营养，取得更大进步，将来也能像那些投资大师一样编写出很好的指标。

指标一　K线

有人把K线称为"指标之王"，一点也不为过。

K线技术起源于日本，最初为日本米市的商人用来记录米市的行情与价格波动，后来引入股票和期货市场，获得巨大成功。尤其是美国人史蒂夫·尼森出版《日本蜡烛图技术》一书后，K线理论更是风靡世界，成为投资者的必修功课。

K线图有直观、立体感强、携带信息量大的特点，蕴涵着丰富的东方哲学思想，能充分显示股价趋势的强弱、买卖双方力量平衡的变化，预测后市走向较准确，是各类传播媒介、电脑实时分析系统应用较多的技术分析手段。

为什么这些K线形态具有特殊的含义呢？

那是因为K线是由阴线和阳线组成的，阴线代表做空的力量，阳线代表做多的力量，两种力量的博弈造成了价格的涨跌。而这些K线的各种组合形态代表了多空双方谁占据优势，据此，我们就可以判断行情的走势。

各种K线形态是怎么发现的呢？

是从大量的K线图形中统计出来的。

K线这个指标有多大用？这个指标似乎太普通了一点。

这个问题问得好。

K线这个指标实在很普通，但毋庸置疑，K线被誉为"指标之王"不是吹的。

在很多顶尖级高手的软件上，只有一个指标——K线，叫作"裸K"。这是技术分析的高级境界。

他们只要看看K线，就能准确地判断出未来的行情，让我们这些到处寻找指标的人无地自容、目瞪口呆。

不过，"裸K"这种境界，我也还未达到，初学者更不要企图去尝试"裸K"。先学会走路，再学奔跑。等我们学通很多指标后，再回过头来仔细研究K线，那时我们就会发现，对于K线的

理解加深了很多，甚至有了许多新的理解。此时你若有造化，再加上努力，也能达到"裸 K"的境界。

K 线这种最普通的指标，其实博大精深。

世界上很多不平凡的东西，往往看起来很简单、很普通，正所谓"大巧若拙"！

而现在人们对 K 线的认识，可能还只是冰山一角，还有很多未知的东西等待人们去挖掘。

如果我们仔细研究 K 线，平时多注意 K 线的话，就会越来越发现它的神奇。

我把 K 线作为本书要讲的第一指标，又花了这么多工夫来说明 K 线这个指标的威力，目的是要大家不要轻视这个看似平凡的指标。

现在，大家应该明白，号称"指标之王"的指标已经装在我们每个人的软件中，我们还有什么不满足的？只是，大家看不懂这个指标，最后把它忽视了。

下面，我们来看看这个"指标之王"。

关于 K 线，前人已经有了许多优秀的、经典的著作。

所以，对于 K 线，本书不做过多讲解，因为有更好的大师的著作等着大家去读。在此我推荐两本书，一本是《日本蜡烛图技术》，美国人写的；一本是《股市操练大全》，中国人写的。这两本书都堪称经典，都值得反复阅读、仔细咀嚼，每次都会有新的体会，建议各读 10 遍以上。

可能有人会觉得，一下子要啃两大本书很不容易，有没有什么速成的方法呢？

有！

对于新手，如果想速成，建议先着重掌握以下反转形态，这些形态都意味着趋势很可能会反转，并且都是经典形态中的经典：锤头线、倒锤头线、吊颈线、大阳线、大阴线、十字星、黄昏之星、早晨之星、看跌吞没（阴包阳、穿头破脚的一种）、看涨吞没（阳包阴、穿头破脚的一种）、平底、平顶、下降三部曲、上升三部曲、乌云盖顶、倾盆大雨、曙光初现、旭日东升等。

对于由多根K线组合的形态，重点掌握双重顶（M顶）、三重顶、多重顶、头肩顶几个见顶反转形态，和双重底（W底）、三重底、多重底、头肩底等见底反转形态，以及旗形、正三角形、上升三角形、下降三角形等中继盘整形态，这些中继形态在我的上一本书《现货黄金、白银之——点位的精确计算》中也有所介绍。

每学一个形态，我们都要到盘面中去反复寻找这个形态，仔细体会，然后再去学下一个形态。如此，我们就能牢牢掌握所学的各个形态，然后再到实盘中去演练，等我们把这些形态真正掌握后，再抽空去读那两本大师的经典著作，学习其他的形态和知识。

K线的基本认识

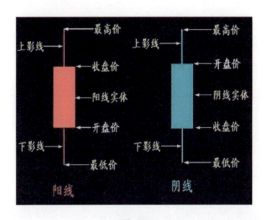

图40

少数 K 线反转形态

以下 K 线，白色空心代表阳线，黑色实心代表阴线。

1. 锤头线和吊颈线

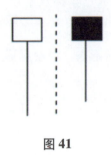

图 41

特点： K 线实体较少，下引线较长。出现在下跌途中叫锤头线，出现在上涨途中叫吊颈线。

意义： 锤头线是见底信号，下引线越长，见底意义越强，若与"早晨之星"同时出现，见底信号更加可靠；吊颈线是见顶信号，若与"黄昏之星"同时出现，则见顶信号更加可靠。

2. 早晨之星

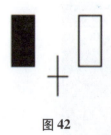

图 42

意义： 见底信号，后市看涨。

3. 倒锤头

图 43

特征：与出头线相反。

意义：出现在下跌途中，见底信号。

4. 曙光初现

图 44

特征：阳线从下面深入阴线实体 1/2 以上。

意义：见底信号。

5. 乌云盖顶

图 45

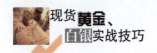
特征：与"曙光初现"相反，阴线从上面深入阳线实体 1/2 以上。

意义：见顶信号。

6. 旭日东升

图 46

特征：出现在下跌底部，阳线开盘价高于前面阴线开盘价，收盘价高于前面阴线收盘价。

意义：见底信号，信号强度大于"曙光初现"。

7. 倾盆大雨

图 47

特征：与"旭日东升"相反。

意义：见顶信号，信号强度大于"曙光初现"。

8. 黄昏十字星

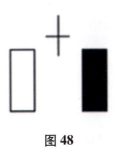

图 48

特征：左边阳线，中上为十字线，右边为阴线，且深入第一根阳线之内。

意义：见顶信号。

9. 黄昏之星：

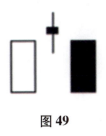

图 49

特征：与"黄昏十字星"类似，但中间的 K 线是小阴线或小阳线，而不是十字线。

意义：见顶信号，但信号不如"黄昏十字星"强。

黄昏十字星和黄昏之星等形态，如果出现在下跌的反弹行情中，表示反弹结束；如果出现在上涨行情中，可能只是一个回调的信号，并不一定表示行情反转。要判断行情是否反转，还得结合其他指标综合来看。

10. 穿头破脚

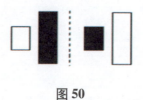

图 50

特征：分两种，一种是左边的叫阴包阳，又叫看跌吞没；另一种是右边的叫阳包阴，又叫看涨吞没。

意义：看跌吞没是见顶信号，看涨吞没是见底信号。

11. 下跌三部曲：

图 51

特征：大阴线后三根小阳线，然后又是大阴线，走势呈 N 字母形状。

意义：很强的见顶信号。

12. 上升三部曲

图 52

特征：与"下跌三部曲"相反。

意义：很强的见底信号。

多根 K 线组成的反转形态

当出现多根 K 线组成的反转形态时，意味着行情反转的可能性非常大，比上面所讲的只由少数几根 K 线组成的形态的反转意义大得多。

1. 双重顶

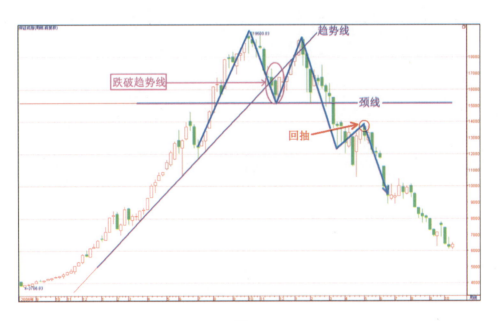

图 53

双重顶又叫 M 顶，两个顶的最高点位大致相同，是很强的见顶信号，以跌破趋势线和颈线为双重顶成立的标志。一般跌破颈线后会有回抽动作（如图 53），此时是做空良机。

双重顶在日线和小时线中，都是非常强的见顶信号。

2. 双重底

图 54

双重底又叫 W 底，两个底的最低点位大致相同，是很强的上涨信号，以涨破下跌趋势线和颈线为双重底成立的标志。跟双重顶类似，一般涨破颈线后也会有一个回抽动作，此时是做多良机。

双重底在日线和小时线中，都是非常强的见底信号。

另外，还有三重顶和三重底，以及多重顶和多重底等，不再一一列举。顶越多，见顶信号越强；底越多，见底信号越强。

突破颈线后常常会有回抽动作，如图 55。

图 55

3．头肩底

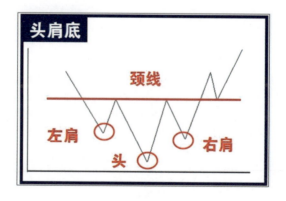

图 56

形态如图 56，以上破趋势线和颈线为头肩底形态成立的标志。突破颈线后通常会有回抽动作，此时是做多良机。如图 57：

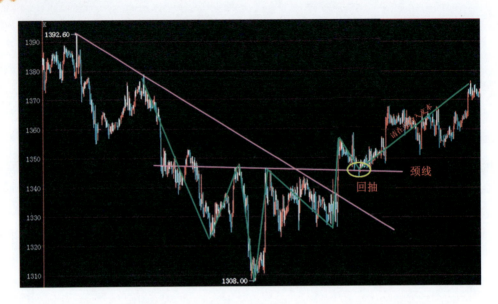

图 57

4．头肩顶形态

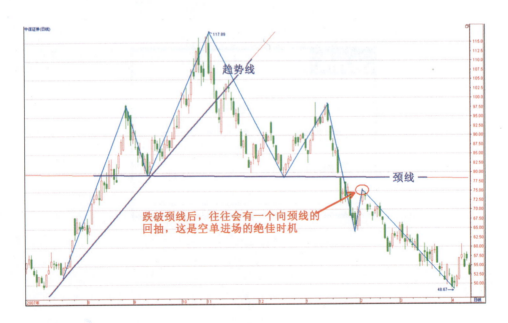

图 58

　　形态与头肩底相反。以跌破趋势线和颈线为头肩顶形态成立的标志。各种反转形态中，反转成功率最高的形态是头肩顶和头肩底，高达95％，所以一定要牢记。

　　突破颈线后也有一个回抽动作，此时是做空良机。

　　头肩顶形态的颈线是倾斜的，可以向下或向上倾斜，如图59：

图59

图 60

5．圆弧顶和圆弧底

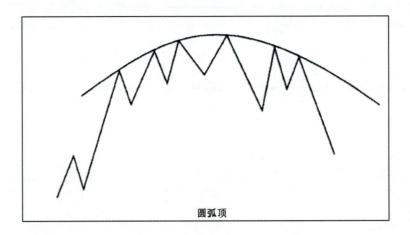

圆弧顶

图 61

如图62，价格呈弧形。圆弧顶形态出现的时间有多久，一般后市看涨的时间就会有多久。相反，圆弧底也一样。

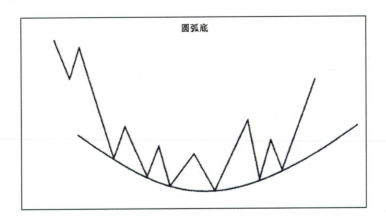

图 62

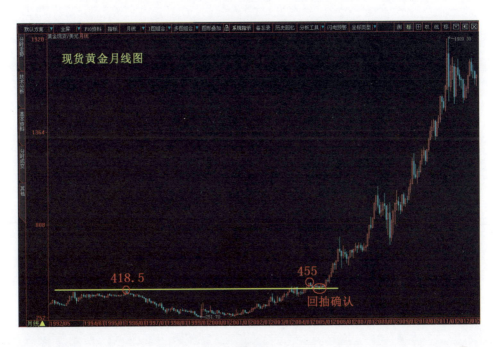

图 63

    图 63 是现货黄金从 1996 年 2 月（418.5 美元处）到 2005 年初，构筑了一个长达 9 年的圆弧底，最后在 2005 年大幅突破压力位 418 美元，回抽确认有效后（见图中标注处，价格大幅突破压力位 418 美元到达 455 美元后，回抽到 418 美元附近受到支撑，又再次上涨，这就是所谓的回抽确认。在现货市场中，价格经过长时间盘整后，突破某个重要形态或压力位后，常常会有回抽的动作），开始了一段轰轰烈烈的黄金牛市，多头一路攻城拔寨，一直涨到 2011 年的 1920 美元才暂告一段落。

    这一个圆弧底的突破，结束了从 1980 年到 2000 年长达 20 年的黄金熊市。由于圆弧底的长周期性和有效性，有人预测，接下来应该有一个相应周期也就是 20 年的牛市。

    V 形反转：形状像一个"V"字，或一个倒"V"字，可发生在上升趋势中，也可发生在下降趋势中。是趋势的剧烈反转，因为速度太快，投资者一般很难抓住。不过，V 形反转出现的概率较小。

图 64

V形反转

图 65

吐血体会和经验

（1）由一根或数根 K 线构成的形态，如"十字星""吊颈线""黄昏之星"等，应该到日线图或日线以上的周期中去看，效果更加明显。周期越小，效果越不明显。如果你在 5 分钟图中发现一个"黄昏之星"形态，我可以肯定地告诉你，这个形态不值钱，没有任何意义。这是广大新手最容易犯的毛病，眼光总是局限于小周期中。

（2）出现某种形态并不一定就会出现某种结果，而只能说出现这种结果的概率较大。比如出现"黄昏之星"形态，并不一定会出现行情反转，只能说行情反转的可能性较大。永远记住，技术分析讲的是概率，并不是绝对。

（3）组成形态的 K 线越多越有效。比如出现头肩顶、头肩底等形态时，其行情反转的可能性在 95% 以上。

（4）很多 K 线形态要结合成交量来看，但是黄金、白银等贵金属是全球市场，其成交量根本无法统计，我们能看到的仅仅是美黄金连和美白银连等期货市场的成交量，这有参考价值吗？

肯定有参考价值！

现货黄金、白银的价格跟黄金期货的价格虽然稍有差别，但是走势完全一样，而且很重要的一点是，现货的价格是跟着期货的价格走的。也就是说，现货金银的价格之所以涨涨跌跌，主要是因为期货市场的多空博弈，而期货市场的成交量跟期货市场的价格走势肯定是有关的。因此，研究期货市场的成交量对现货市场的走势也有帮助。

说到这里，肯定会有人提问：现货跟期货有啥关系？

这个问题说来就话长了，我只好简单点说。

以前，期货刚兴起来的时候，投入期货中的资金并不多，对现货的价格没什么影响力。但现在，期货市场已经非常成熟，大量投资者投入大量资金在期货市场中，很多大机构、银行、金矿开采商等都在期货市场中砸入巨金。这些大机构、银行、金矿开采商等对市场多空的预测，很大程度上预示了贵金属的价格方向，所以现货金银的价格走势是跟着期货市场走的。

现在我们来总结一下，现货的价格是跟着期货的价格走的，而期货的成交量会影响期货的价格，期货的成交量也能间接影响现货的价格。所以，研究期货的成交量是有意义的。

对于新手来说，成交量很复杂，而很多投资者根本不看成交量，照样将以上的 K 线理论运用得很好。也就是说，成交量这个东西，能看懂更好，但不看也没多大影响。所以，新手可以不去理会成交量，完全可以等到我们学习好其他技术，有一定能力的时候，再来研究成交量。

（5）为什么周期越大，K线数量越多，K线形态的准确性越高？

因为：

①小周期或者少数几根K线走势很容易受到一些大机构的操纵，例如明明是上涨趋势，一些大机构却偏偏投入大量资金逆势做空，使得行情下跌，等你跟着做空后，那些大机构又投入更多的资金顺势做多，使那些做空的投资者蒙受重大损失。但这些大机构很难操纵大周期或很多根K线的走势，因为黄金、白银等贵金属是全球市场，如果要操作大周期或很多根K线的走势，需要具备雄厚的资金，目前全世界没有任何一个机构有这样大的实力。

②小周期中的K线更多的是无序波动，趋势并不明显，参考价值很小。

（6）既然有很多大机构操纵贵金属的短期走势，那我们怎么办呢？

不用担心，河里的大鱼虽然能够掀起大浪，但并不能使河水倒流。那些机构就像河里的鱼，虽然能影响短期走势，但无法改变大走势。所以，我们只需分析出大的趋势，然后顺势做单就行了，那些操纵行情的机构，正好给我们提供了一个较好的入场点位。比如在上涨趋势中，由于某些机构的做空以及一些多头的平仓，恰好使行情回调到某个支撑点位，这正是我们入场做多的好时机。至于怎么寻找支撑点位和压力点位，在《现货黄金、白银之——点位的精确计算》中已有详细的介绍，在此不多说。

（7）对于由很多根K线组合的形态，如头肩顶、头肩底等形态，在小时、2小时、4小时等周期中依然有效，因为这些形态由

很多根 K 线组成，被机构操纵的可能性不大。当然，出现在越大的周期中，越有效。

（8）关于 K 线，前人远没有挖掘其全部奥秘，还有很多未知的东西等着我们去发掘。对于 K 线的学习，我们应该把历史 K 线（包括月线、周线、日线、4 小时线、小时线等各个周期）反复研究，找出其规律，这样不仅能够加深我们对前人的理论的学习，还能发现新的秘密。

以上这些，尤其是各种形态在什么周期中有效这样的问题，我在读这些技术书籍的时候，书中并没有提及，完全是靠自己摸索出来的。每一个经验的获得，无不是经历一次次亏损和痛苦的反思之后才得出的。

现在看来，是如此的简单，但是，正所谓"捅破是一层纸，不捅破是一堵墙"。在初入行的时候，没有人指导，问其他高手或者群里的老师，他们都不肯说，只好自己在黑暗中摸索，那种痛苦，只有经历过的人才会知道。

指标二　均线

均线是仅次于 K 线的又一神奇指标。

关于均线的理论，在网上一搜一大把，我若给大家都复制粘贴过来，可以为本书多凑好多篇幅，但我不想这么做。

我直接把均线理论的精髓告诉大家，大家不要嫌字少。

均线的根本在于反映趋势

价格向下，并不能说明大趋势向下，很可能只是一次小小的调整，或者是某些大资金主力玩的一个把戏。

但若是均线向下，尤其是大周期均线，比如 60 日均线向下走，说明趋势很可能已经向下，大势很可能已经转为空头趋势了。

某些资金雄厚的机构或个人，可以小幅度操纵金银价格的涨跌，但绝对没能力违背市场，撬动多根均线，尤其是大周期均线的走向。

顺便补充一下，这一条在国内股市中不一定适用。因为国内股市中有实力的庄家或主力，完全可以操纵大周期均线的走向，这时候，均线就不能很好地反映真正的趋势了。这时，你若是看见均线往上，而跟进做多，很可能价格马上就会跌到泥坑里，连均线也跟着往下走。这就是主力操纵均线走向的可怕性。（这并不是说股票不可做，而只是说股票的操作难度大一些）

但在黄金市场，因为是世界市场，参与的人和机构太多，参与的资金量太大，所以没有任何个人或者机构能够压倒其他机构和个人，从而操纵均线尤其是大周期均线的走向。

白银市场比黄金市场小一些，参与的资金也小一些，所以白银价格的波动往往大于黄金。虽然白银被操纵的难度要小于黄金，但是白银也是世界市场，也没有谁能操纵其均线走势。

所以，在现货黄金和白银市场，均线尤其是大周期均线的走向，绝不是某些主力操纵的结果，而是市场真正的方向。

均线应用的著名法则：葛兰威尔均线八大法则

在移动平均线中，美国投资专家葛兰威尔（Joseph E. Granville）创造的八项法则可谓是其中的精华，历来的平均线使用者无不视其为技术分析中的至宝，而移动平均线也因为它，淋漓尽致地发挥了道·琼斯理论的精髓所在。八大法则中的四条法则是用来研判买进时机，另四条法则是研判卖出时机的。总的来说，移动平均线在股价线之下，而且又呈上升趋势时是买进时机；反之，移动平均线在股价线之上，又呈下降趋势时则是卖出时机。

首先看买进时机。

买点1：移动平均线经过一路下滑后，逐渐转为平滑，并有抬头向上的迹象。另外，股价线也转而上升，并自下方突破了移动平均线，这是第一个买进讯号。

买点2：股价线开始仍在移动平均线之上，但呈急剧下跌趋势，在跌破移动平均线后，忽而转头向上，并自下方突破了移动平均线，这是第二个买进讯号。

买点3：与买点2类似，但股价线尚未跌破移动平均线，只要移动平均线依然呈上升趋势，股价线就会转跌为升，这是第三个买进讯号。

买点4：股价线与移动平均线都在下降，问题在于股价线狠狠下挫，远离了移动平均线，表明反弹指日可待。这第4个买进讯号甚为许多短线客喜爱（所谓抢谷底），但切忌不可恋战，因为大势依然不妙，久战势必被套。

葛兰威尔的四条卖出法则，与四条买进法则是一一对应的。

卖点1：移动平均线从上升转为平缓，并有转下的趋势，而股价线也从其上方下落，跌破了移动平均线，这是第一个卖出讯号。

卖点2：股价线和移动平均线均下滑，这时股价线自下方上升，并突破了仍在下落的移动平均线后，又掉头下落，这是第二个卖出讯号。

卖点3类似卖点2，区别是稍现反弹的股价线更加软弱，刚想突破移动平均线却无力突破，这是第三个卖出讯号。要注意的是卖点 3 与买点 1 不同，买点 1 是移动平均线自跌转平，并有上升迹象；而卖点 3 的平均线尚处下滑之中。

卖点 4：则是在多头趋势中，股价一路暴涨，远远超过了上升的移动平均线，暴涨之后必有暴跌，所以此处是第四个卖出讯号，以防止暴跌带来的不必要的损失。经过长期应用后，我们发现，平均线转跌为平，并有向上的趋势，股价从平均线下方突破平均线，并始终保持在移动平均线之上方，这一段是牛市；反之，平均线转升为平，并随后下跌，股价线从平均线上方突破平均线之下方，这一段便是熊市了。

至于买点 4 和卖点 4，怎样才算远离移动平均线，何时为适度，这就是乖离率的研究对象了。我的经验是，直接看 KD 指标和均线分开程度。当 KD 指标位于 80 以上或 20 以下，或者均线互相分开得太远时，表示乖离率过大，价格很可能将发生反向调整。

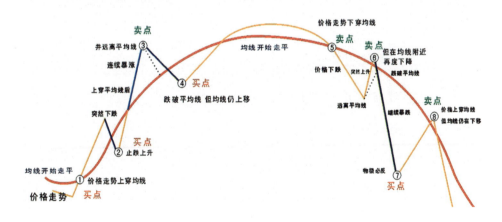

图 66

葛兰威尔的八大买卖法则，是均线理论的精华。但它有一个不足之处，就是这个法则是运用一根均线的。

我不是说用一根均线不行，也是行的。如果你是高手，精通技术理论，那么完全可以运用八大买卖法则玩转一根均线。但对于新手来说，这个要求就有些过高了。

我是从新手过来的，所以，从一开始我就运用多根均线组成一个均线系统，并且，我对均线的运用，也没有八大法则这么复杂。我将均线和K线以及其他指标综合起来运用，组成我自己的操盘系统，运用得非常不错。

均线的精华——EMA

一打开分析软件，通常就能看到软件默认的均线，也就是MA。这是最普通、最寻常的均线了，葛兰威尔的八大买卖法则就是建立在这最普通的均线的基础上的。

软件默认的最普通的MA具有很大的威力，但如果在一个庸人手中，这个指标简直就没有任何用处。

我也算得上是个庸人，因为我从来都没正眼瞧过MA均线。但我并没有觉得MA无用，而是嫌它不好看，线条太乱，把盘面搞得乱七八糟。我是个唯美主义者。

我找到了一根很漂亮的均线：EMA。

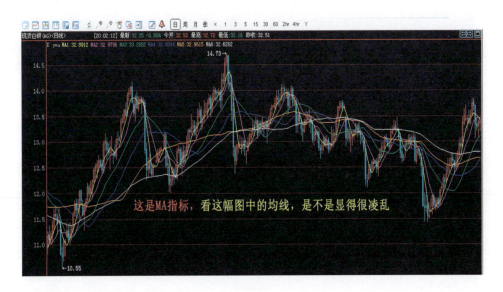

图 67

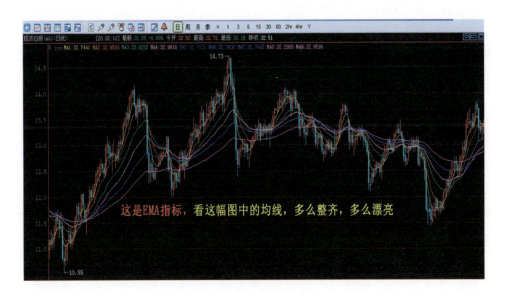

图 68

图 67、图 68 是同一段行情图，图中的均线指标分别是 MA 和 EMA，取的参数也相同，但我们一下就能比较出两者的视觉效果。

我一下子就爱上了 EMA。

一开始，我只是觉得它好看，后来仔细一研究，发现它有很多妙处，于是就一直用上了。

来看看这个 EMA 指标（有些内容比较专业和深奥，如果看不懂可以跳过）。

EMA（Exponential Moving Average），指数平均数指标，也叫 EXPMA 指标，是一种趋向类指标，它是以指数式递减加权的移动平均数。各数值的加权是随时间而指数式递减，越近期的数据加权越重，但较旧的数据也给予一定的加权。

EXPMA 这个指标绝不是我发明的，其实，它已经装在我们的看盘软件中了。我们在软件中输入"EXPMA"，就可以调出这个指标。

我要给大家讲的，是这个指标的优化和我的用法。

先来看原理。

我们拿它和 MA 做个对比。

MA 和 EMA 的数学表达式：

（1）MA（X，N），求 X 的 N 日移动平均值。算法是：

$(X1 + X2 + X3 + \cdots, + Xn) / N$

例如：MA（C，20）表示 20 日的平均收盘价，C 表示 CLOSE。

（2）EMA（X，N）求 X 的 N 日指数平滑移动平均。算法是：

若 $Y = EMA（X，N）$，则 $Y = [2 \times X + (N-1) \times Y] / (N+1)$，其中 Y 表示上一周期的 Y 值。

EMA 引用函数在计算机上使用递归算法很容易实现，但不容易理解。例举分析说明 EMA 函数。

X 是变量，每天的 X 值都不同，从远到近地标记，它们分别记为 X1，X2，X3，…．，Xn

如果 N＝1，则 EMA（X，1）＝［2×X1＋（1－1）×Y'］／（1＋1）＝X1

如果 N＝2，则 EMA（X，2）＝［2×X2＋（2－1）×Y'］／（2＋1）＝（2/3）×X2＋（1/3）X1

如果 N＝3，则 EMA（X，3）＝［2×X3＋（3－1）×Y'］／（3＋1）＝［2×X3＋2×（2/3×X2＋1/3×X1）］／4＝（1/2）×X3＋（1/3）×X2＋（1/6）×X1

如果 N＝4，则 EMA（X，4）＝［2×X4＋（4－1）＊Y'］／（4＋1）＝2/5×X4＋3/5×（1/2×X3＋1/3×X2＋1/6×X1）＝2/5×X4＋3/10×X3＋3/15×X2＋3/30×X1

N＝5，6，7，8…依次类推。

从以上的例举分析中，我们可以看到时间周期越近的 X 值的权重越大，说明 EMA 函数对近期的 X 值加强了权重比，更能及时反映近期 X 值的波动情况。

所以，EMA 比 MA 更具参考价值。

与 MACD 指标、DMA 指标相比，EMA 指标由于其计算公式中着重考虑了价格当天（当期）行情的权重，因此指标自身的计算公式决定了作为一类趋势分析指标，在使用中克服了 MACD 指标信号对于价格走势的滞后性。同时也在一定程度上消除了 DMA 指标在某些时候对于价格走势所产生的信号的提前性，是一个非常有效的分析指标。

在选定 EMA 指标后，我对其参数进行了优化。

指标默认的参数是：5，10，20，60。即 5 日均线、10 日均线、20 日均线、60 日均线。

我修改后的参数为：5，10，21，34，55，89。并给均线起了个名字叫 yjx，意思是"优化均线"。（指标源码附于书后）

之所以改为这样的参数，是因为这组数字除了第二个参数"10"以外，其余都是按黄金分割排列的，我对黄金分割有特殊的爱好，我相信黄金分割在均线中也能像在点位计算中那样发挥神奇的作用。

我很幸运，当我改为这样的参数之后，发现了一个神奇的现象，那就是这组均线对价格具有神奇的压力和支撑作用，在后面我慢慢道来。

至于第二个参数为什么改为"10"而不是其他数字，我到现在也没有找到合理的解释，但是我是在试用了很多数字后，才最终选定"10"的，因为这个参数使得这条均线的压力和支撑作用更加准确。

读者自己也可以去调试其他参数，也许能找到更合适的参数。

EMA 指标的一些规律：

（1）均线的压力和支撑作用。

每一根均线都有压力或支撑作用，越长周期的均线压力和支撑作用越大。

在下跌趋势中，价格往往依托 5 日均线和 10 日均线下跌，这两根均线形成很有效的压力。

其余每根均线都有压力作用，但在强势下跌的时候，主要是 5 日均线和 10 日均线起压力作用。

反之，在上升趋势中，价格往往依托 5 日均线和 10 日均线上升，这两根均线形成很有效的支撑。

其余每根均线都有支撑作用，但在强势上升的时候，主要是 5 日均线和 10 日均线起支撑作用。

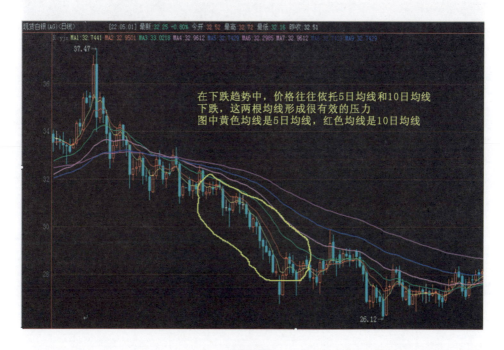

图 69

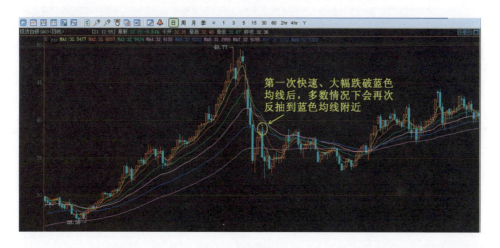

图 70

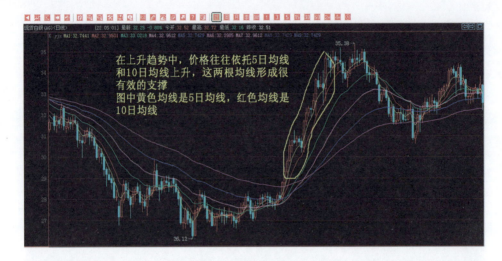

图 71

（2）第一次快速、大幅跌破蓝色均线，也就是 55 日均线时，多数情况下会再次反抽到 55 日均线附近。第一次往上突破 55 日均线多数情况下会失败，但如果是第二次就很难说了。

图 72

（3）合久必分，分久必合。

均线与均线之间有一种神奇的力量，当它们互相靠近的时候，会产生排斥力，靠得越近、时间越久，排斥力就越大；当它们互相远离的时候，会产生吸引力，离得越远、时间越久，吸引力就越大。

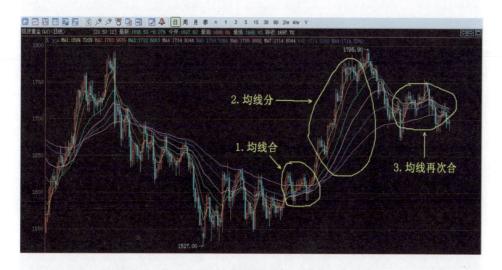

图73

当均线互相缠绕在一起或互相黏在一起的时候，叫作均线"黏合"，黏合的过程是一个积聚力量的过程。黏合后一旦炸开，会产生很大的爆发力，会将均线快速散开，价格不是加速上涨就是加速下跌。如图74。

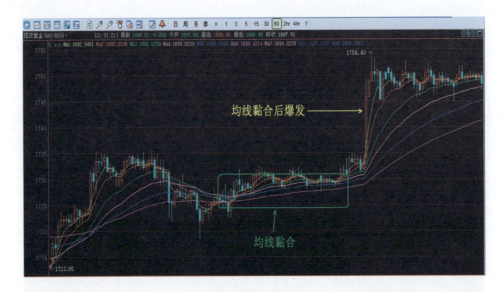

图 74

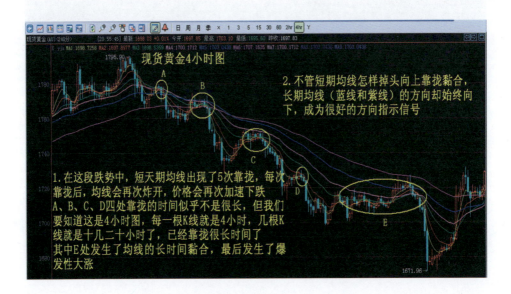

图 75

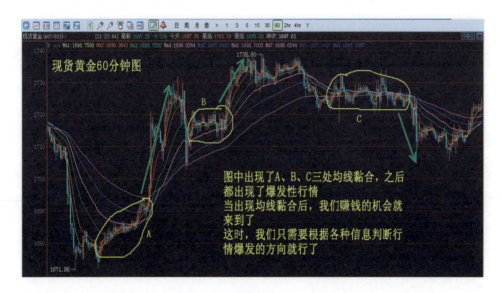

图中出现了A、B、C三处均线黏合，之后都出现了爆发性行情
当出现均线黏合后，我们赚钱的机会就来到了
这时，我们只需要根据各种信息判断行情爆发的方向就行了

图 76

（4）均线整齐排列。

当短周期均线和长周期均线依次整齐排列时，通常会出现一波较大的行情。

均线的这种排列方式，是一波趋势行情的最佳排列方式。

如果均线错乱排列，很可能只是震荡。

当均线向上呈整齐排列时，叫"多头整齐排列"（如上图），往往是强势多头的信号。

当均线向下呈整齐排列时，叫"空头整齐排列"，往往是强势空头的信号。

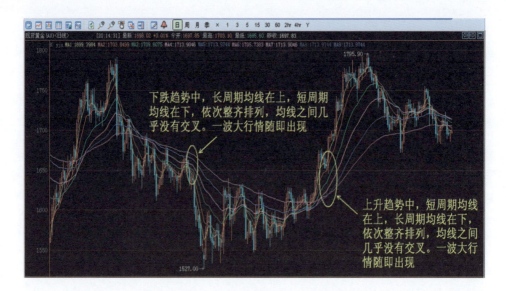

图 77

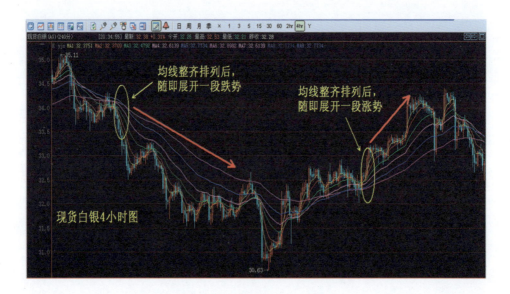

图 78

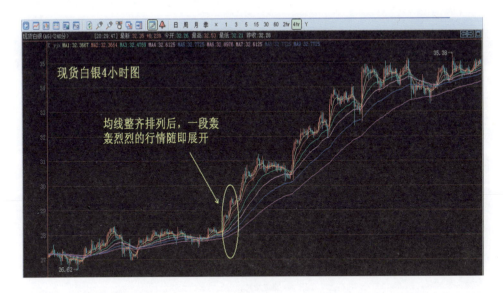

图79

关于均线含义的一个误区

很多新手搞不明白，同是 5 日均线，为什么在日线中和在 4 小时中的形态不一样？

其实，均线在不同周期中表示不同的含义。

例如，在日线图中，5 日均线表示 5 天价格的平均值，10 日均线表示 10 日价格的平均值，这时的 5 日均线和 10 日均线是真正的 5 日均线和 10 日均线。

而在 4 小时图中，5 日均线实际上是表示 5 个 4 小时价格的平均值，10 日均线表示的是 10 个 4 小时价格的平均值。

同样，在 5 分钟图中，5 日均线实际上是表示 5 个 5 分钟价格的平均值，10 日均线表示的是 10 个 5 分钟价格的平均值。

指标三　MACD

MACD 是绝大多数看盘软件的默认指标，也就是第一次打开盘面就自动出现的指标。

还是使用最广泛的副图指标。也是最简单，又最博大精深的指标。

MACD 是由杰拉尔德·阿佩尔 1979 年（Gerald Appel）提出来的，全称为均线集中分叉（Moving Average Convergence Divergence），是最为简单同时又最为可靠的指标之一。

MACD 应用了移动平均这个滞后性的指标，因此也具有一些趋势跟随的特性。通过计算长期移动平均线和短期移动平均线的差值，MACD 将这些滞后指标转化为一个动力震荡指标，结果是形成了一条围绕零轴来回震荡的无上下限的曲线。MACD 就是一个围绕零轴中心上下震荡的指标。

MACD 指标公式：

DIFF：EMA（CLOSE，12）－EMA（CLOSE，26）；

DEA：EMA（DIFF，9）；

MACD：2×（DIFF－DEA），COLORSTICK；

很多读者看不懂公式中各个函数的含义，这个无关紧要。但从公式中，我们可以看出 MACD 指标包括三部分：**DIFF**、**DEA**、**MACD**。见图 80。

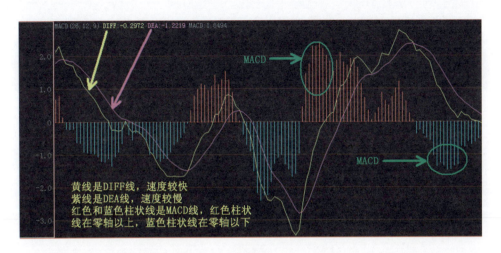

图 **80**

很多看盘软件默认的 MACD 指标的 DIFF 线和 DEA 线是白色和黄色，我的软件被我调成了上图的颜色，其实是一样的，只是颜色不同而已。

MACD 指标的本质

要明白 MACD 指标的用法，先得弄清楚它的本质，也就是 MACD 指标是个什么样的指标。

首先，所有人都知道，MACD 指标是趋势指标，能够反映目前是空头趋势还是多头趋势。

当 DIFF 和 DEA 在零轴以上时，是多头趋势；当 DIFF 和 DEA 在零轴以下时，是空头趋势。

MACD 测量着价格 12 天指数移动平均线（EMA）和 26 天指数移动平均线（EMA）之间的差距。如上图红色竖线所指，当 MACD 线（DIFF 和 DEA）运行于零轴之上时，表示 EMA（12）正处于 EMA（26）之上；当 MACD 线运行于零轴之下时，则表示

EMA（12）正处于 EMA（26）之下。

如果 MACD 在零轴之上并且上升，说明 EMA（12）和 EMA（26）之间的差距正在拉宽，表明了快速移动平均线的变化率大于慢速移动平均线，向上的动力正在上升，行情是多头趋势。如果 MACD 在零轴之下并且进一步下降，说明快速平均线和慢速平均线之间的负向差距也在扩大，向下趋势的动力正在增强，这时候可认为行情是空头趋势。

当股价的快速移动平均线与慢速移动平均线交叉时，MACD 线会与零轴交叉。

另外，MACD 还有一个重要特性是很多人所忽略的，即 MACD 指标是动能指标。

DIFF 和 DEA 在零轴以上，并且向上走，表示上涨动能充足；

DIFF 和 DEA 在零轴以上，但是向下走，表示上涨动能不足；

DIFF 和 DEA 在零轴以下，并且向下走，表示下跌动能充足；

DIFF 和 DEA 在零轴以下，但是向上走，表示下跌动能不足。

看图 81、图 82：

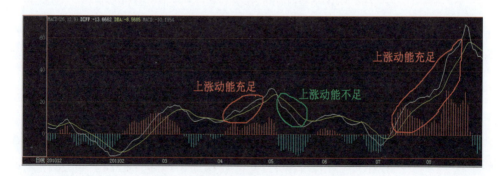

图 81

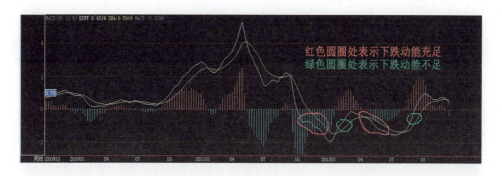

MACD (26, 12, 9) DIFF : 0.4219 DEA : 0.5919 MACD : -0.3399

红色圆圈处表示下跌动能充足
绿色圆圈处表示下跌动能不足

图 82

MACD 背离

如果价格往上涨，DIFF 却往下走，此时叫作 DIFF 顶背离。此时上涨动能已经不足，价格虽然继续上涨，但也只是强弩之末，多头能量很快将会耗尽，将发生回调或趋势逆转。

反之，如果价格往下跌，DIFF 却往上走，此时叫作 DIFF 底背离。此时下跌动能已经不足，价格虽然继续下跌，但也只是强弩之末，空头能量很快将会耗尽，将发生反弹或趋势逆转。

其实，DIFF 顶背离或者底背离，可以简单地总结为一句话，即价格运动的方向与 DIFF 的方向不一致。

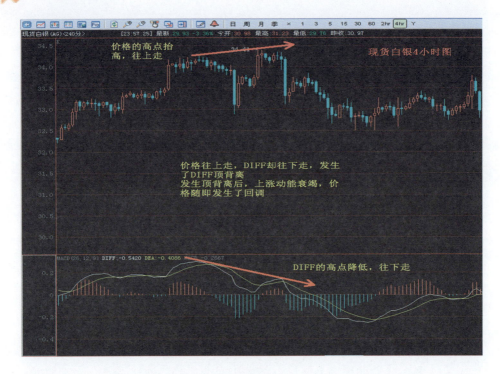

图 83

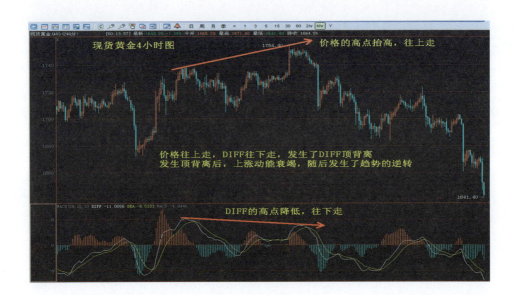

图 84

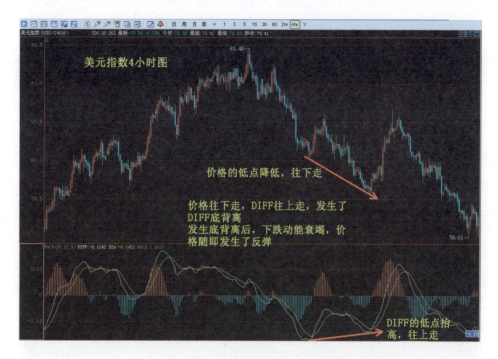

图 85

MACD 指标的背离，除了 DIFF 的背离，还有 MACD 柱状线的背离。

当价格产生新高，而 MACD 柱状线的高度没有产生新高，并且红柱的面积减少时，叫 MACD 柱状线顶背离。

当价格产生新低，而 MACD 柱状线的高度没有产生新低，并且蓝柱的面积减少时，叫 MACD 柱状线底背离。

MACD 柱状线的背离预示着动能不足，但动能不足的程度没有 DIFF 背离那么厉害。

如果 DIFF 背离和 MACD 柱状线背离同时发生，则说明动能更加不足。

我们通常所说的 MACD 顶背离或者底背离，指的是 DIFF 顶背离或底背离。

本书以后内容中的"MACD 背离",如无特别说明,都是指 DIFF 背离。

看图86、图87、图88、图89:

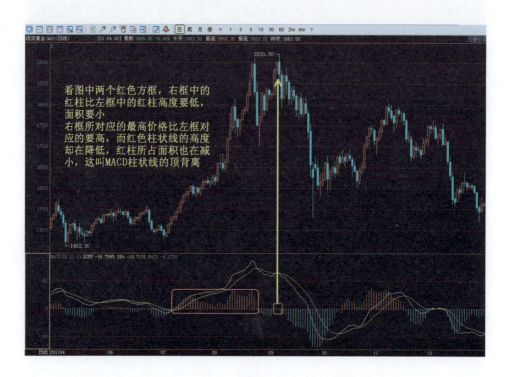

图 86

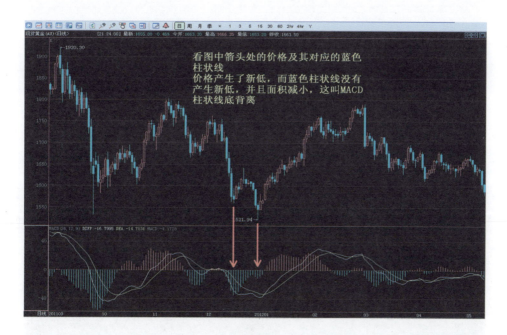

图 87

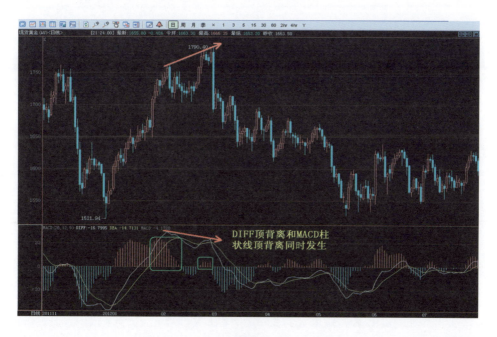

图 88

图 89

MACD 指标的用法

（1）看趋势。主要适用于日线及日线以上周期。

DIFF 线和 DEA 线在零轴以上，是多头市场；DIFF 线和 DEA 线在零轴以下，是空头市场。

由于 MACD 指标具有滞后性，有时候价格涨了很多，DIFF 和 DEA 才进入零轴以上；有时候价格跌了很多，DIFF 和 DEA 才进入零轴以下。

所以，MACD 指标虽然有助于判断趋势，但不能仅仅依此作为买卖依据。如果你看到 MACD 在零轴以上就一味做多，在零轴以下就一味做空，那么毫无疑问，你将亏得倾家荡产。

（2）看爆发。

①DIFF 线和 DEA 线具有类似均线的性质，如果相互距离得太远，会互相靠近，从而出现回调或反弹；如果相互靠近或纠缠，会互相排斥，从而出现爆发性行情。这种爆发性行情通常出现在：DIFF 线与 DEA 线将要交叉，却没有交叉（叫作将叉未叉）或只是轻微交叉时；还有就是 DIFF 线和 DEA 线相互纠缠时，也就是 DIFF 线和 DEA 线双线黏和时。

②零轴对 DIFF 线和 DEA 线，尤其是 DIFF 线具有排斥力。当 DIFF 线和 DEA 线靠近零轴时，会受到零轴的排斥力，从而产生爆发性行情。

如果 DIFF 线和 DEA 线互相靠近或纠缠，同时又很靠近零轴，将产生更加强大的爆发性行情。

（3）看背离。如果没有出现背离，说明动能充足，应该大胆顺势操作；如果出现背离，则意味着动能不足，行情可能出现调整（回调、反弹、横盘）或趋势逆转，此时我们可以结合其他指标，更准确判断究竟是调整还是逆转。

MACD 指标博大精深，其用法远不止上面三种。

但是，我们只要用好上面三种用法，就足以独步天下，笑傲江湖。

招不在多，在于精。

而在以上三种用法中，最有用的其实是第三种用法——看背离。

我在使用 MACD 指标的时候，大多数时候都是看有没有背离，其他两种用法很少用。但我还是要把它们介绍给读者，因为有时候会很有用。

本书将重点讲解背离的用法。

我们来看图，图是最好的说明。

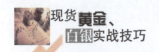

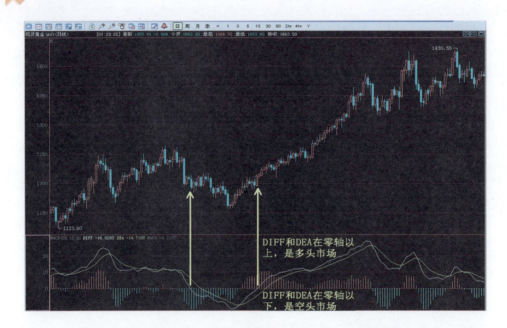

图 90

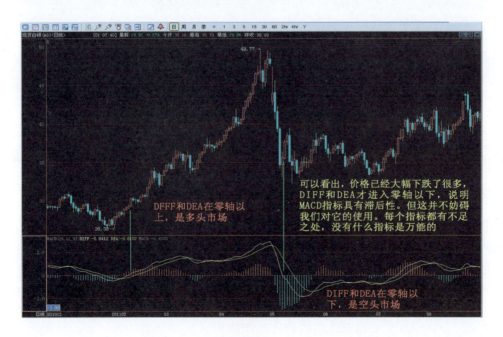

图 91

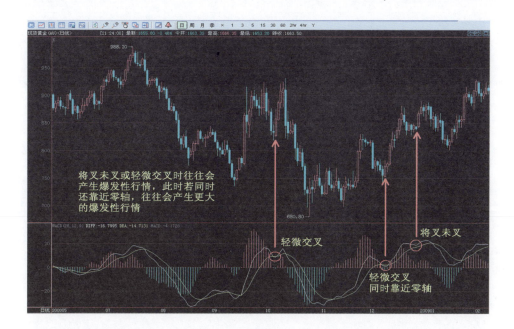

图 92

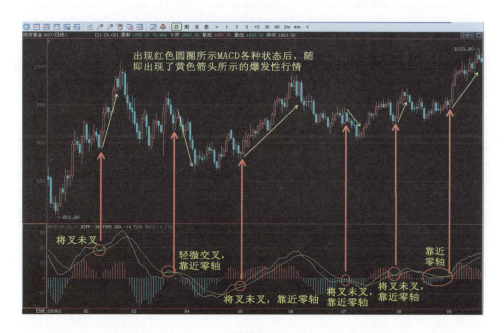

图 93

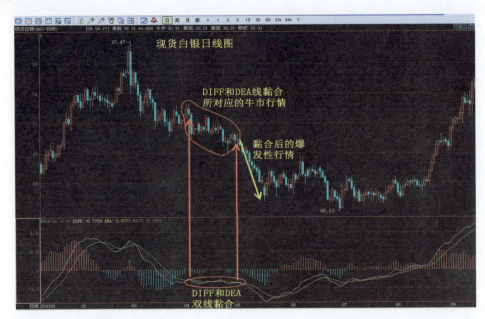

图 94

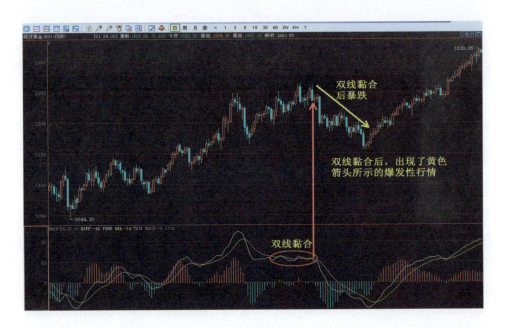

图 95

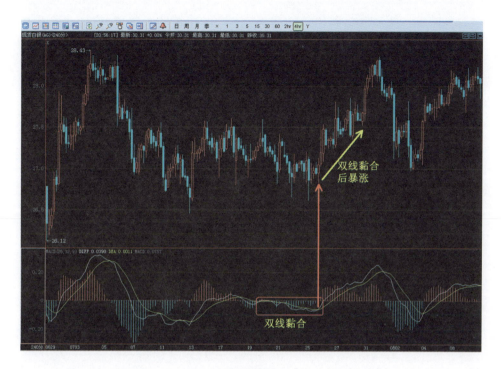

图 96

我们知道，MACD 背离是表示动能不足，价格有可能发生调整或趋势逆转。那么，我们如何去判断，究竟是要调整还是趋势逆转呢？

我的方法是，结合均线和 K 线来综合判断。

如果价格经历某个盘整形态（比如三角形或旗形盘整）或均线经过很长时间的黏合，蓄积了很多能量，当突破盘整形态或均线开始发散的时候，能量爆发出来，出现爆发性行情。此时如果出现 MACD 背离，表示价格需要调整，而不是趋势逆转。

如果价格已经涨或跌了很长时间，并到达某个重要支撑位或压力位附近，同时均线分开得很远，此时的 MACD 背离则很可能意味着趋势的逆转。如果此时出现反转形态的 K 线（比如头肩

顶、头肩底、M 顶、M 底形态等），逆转的可能性更大，若还出现价格突破趋势线，则可以更进一步确认是逆转。

趋势逆转规律的总结：

（1）K 线出现反转形态。比如头肩顶、头肩底、双重顶、双重底、"黄昏之星""早晨之星""乌云盖顶""旭日东升"、看跌吞没、看涨吞没等形态。

（2）均线发散的距离很远。

（3）MACD 顶背离或者底背离。

（4）价格处于某个重要压力位或支撑位附近。

注：

（1）以上四种情况出现在越大的周期中，越有效（趋势反转的可能性越大）。若出现在日线及日线以上的周期中，是很有效的；若出现在日线以下的周期中，其有效性将大打折扣，出现的周期越小，有效性越小。

（2）当趋势要逆转的时候，往往会同时出现以上四种情况。至少也会出现两种。

如果出现以上逆转的情形，我们可以用小资金建一些战略性的小仓位，然后静等趋势逆转确认（跌破趋势线或者颈线）后，再加大仓位。当然，更稳妥的方法是，待趋势真正逆转之后再下单。

如果没有出现以上趋势逆转的情形，表明趋势没有逆转，仍然在延续。此时我们应该顺势做单，不要逆势。

有些话要说明白还真不容易，往往是只能意会不能言传，只能靠读者自己去领悟了。

下面来看图例，图例能更好地说明问题。

我在图例中不仅讲了 MACD，还掺入了很多综合分析和我的做单理念，读者可以学到更多经验。

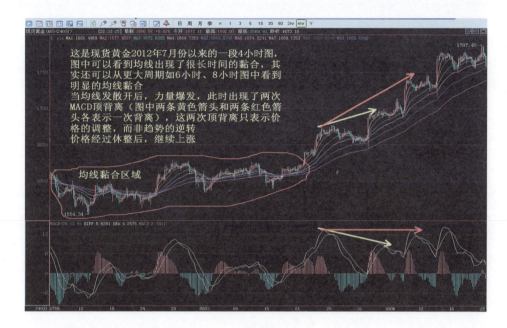

图 97

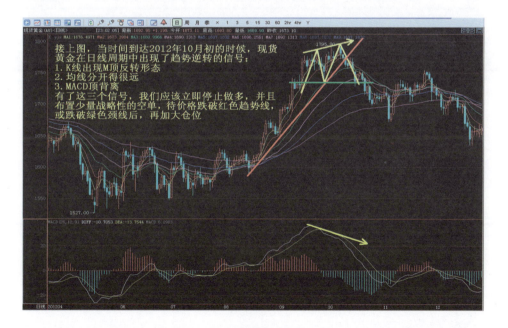

图 98

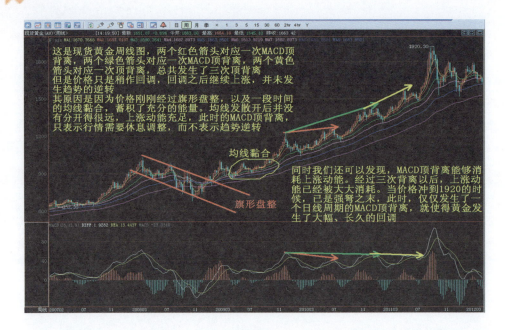

图 99

图 100

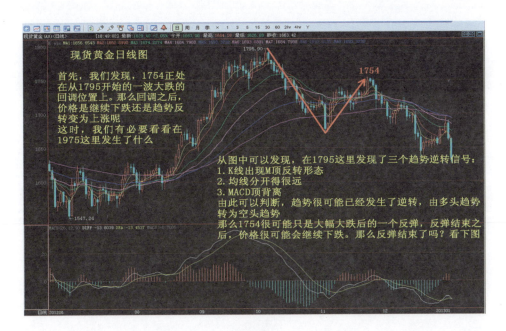

图 101

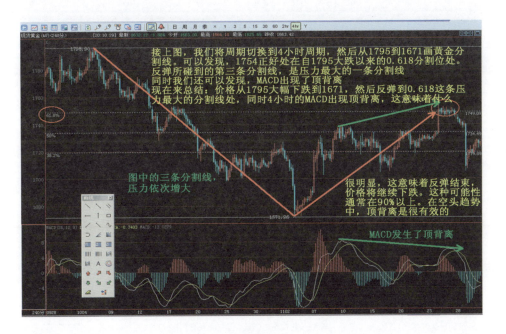

图 102

图 103

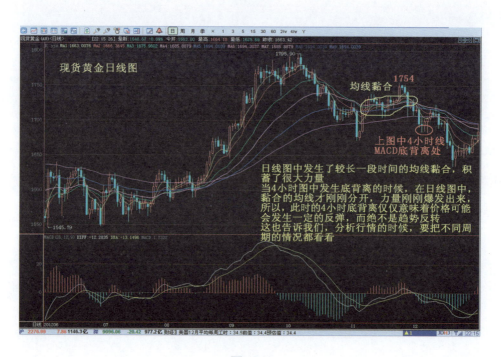

图 104

通过上面的图例讲解，大家一定收获很多。

上面的实例讲解中，还涉及黄金分割和MACD背离的几个规律，在此一并总结：

黄金分割的一些规律：

（1）下跌后的反弹。价格反弹所碰到的黄金分割线，压力依次增大；价格会碰到哪一条黄金分割线，要看反弹的力度强弱（可以从MACD背离的程度和均线黏合的程度来判断其力度强弱），能到达哪一压力位。当价格到达0.618、0.5、0.382这三个最主要分割位的第三个分割位附近，即0.382分割位附近时，压力会很大，只要趋势还未反转，此时就是做空的极好机会。

注：有些软件中的0.382和0.618分割位跟我的是反过来的，其实这个根本没关系，我们只要记住，反弹途中所遇到的黄金分割线的压力依次增大就行了。

（2）上涨后的回调。价格回调所碰到的黄金分割线，支撑依次增大；价格会碰到哪一条黄金分割线，要看回调的力度强弱，能到达哪一支撑位。当价格到达0.618、0.5、0.382这三个最主要分割位的第三个分割位附近，即0.382分割位附近时，支撑会很大，只要趋势还未反转，此时就是做多的极好机会。

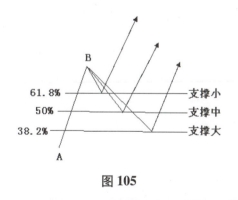

图105

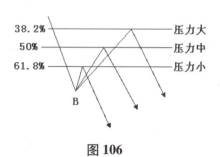

图106

MACD 背离的一些规律：

（1）顶背离比底背离更有效，多次背离比一次背离更有效。

这是因为价格跌下去容易，涨起来难。顶背离通常发生一次，价格就会回调或反转；而底背离很多时候要发生两三次，价格才会反弹或反转。

（2）在多头趋势中的底背离，比空头趋势中的底背离有效。

在多头趋势中，当价格回调到发生底背离时，往往意味着回调的结束，此时是我们找支撑位做多的好时机。

（3）在空头趋势中的顶背离，比多头趋势中的顶背离有效。

在空头趋势中，当价格反弹到发生顶背离时，往往意味着反弹的结束，此时是我们找压力位做空的好时机。

以上总结出的规律十分宝贵，新手朋友当仔细体会。

MACD 指标参数的优化

我想顺带着说说我对 MACD 指标的认识过程。

我对 MACD 指标的认识，首先是完全不知道这个指标，待有了初步了解后，却发现其完全无用而将其抛弃。

然后又从网上学到了初步的背离用法而如获至宝，却还是发现没有用。有时候发生了背离，行情却没有按照我设想的那样变化；有时候没发生背离，行情却又突变。于是，MACD 再次被我抛弃。

这期间我不知疲倦地从网上寻找各种指标，还想尽办法把别人软件里的"好"指标搞过来，最后发现几乎全部没用。

最后，我又回到了 MACD 上。我想，MACD 是世界投资风云人物杰拉尔德·阿佩尔发明的指标，必有其独到之处，我之所以觉得这个指标没用，是因为我还没有学会用它。

于是我努力钻研 MACD 指标，并且有了很多新的发现。

可是，我还是发现 MACD 指标很多时候不灵。比如，价格发生了转向，但 MACD 指标却没有发生背离。这是很令人费解的事，因为当价格将要转向时，一定会出现动能不足，此时，指标应显示发生了某种程度的背离。而如果没有显示出来，则说明这个指标在这里失灵了。要么是指标不好，要么是参数没调好。

MACD 肯定是个好指标，那么问题应该出在参数上面，于是我开始调试参数。网上的参数、我自己认为可能有效的参数，都试过，结果都不能令人满意。一个偶然的机会，我看到了帝纳波利对 MACD 指标参数的优化，帝纳波利在其著作中公布其对 MACD 指标参数设置为 8、17、9。他没有说为什么要设置这样的参数，只说经其多次统计，这个参数的 MACD 最准确。

我没有去研究帝纳波利为什么要设置这组参数，而是直接实行了拿来主义。我亲自验证了帝纳波利的这组参数，惊奇地发现，帝纳波利的 MACD 比系统中默认参数的 MACD 准确度尤其是显示背离的准确度大大提高，也比我从网上找的那些参数的 MACD 准确度高。于是我将自己的 MACD 指标调成帝纳波利的参数，并且将颜色和线条粗细进行了优化，起名为"ymacd"，意为"优化 MACD"（指标源码见书本提示）。

下面我们来验证"ymacd"与系统默认参数的 MACD 显示背离时谁更准确。

图 107 中，黄白线条的是系统默认的 MACD，红蓝线条的是优化 MACD，即"ymacd"。

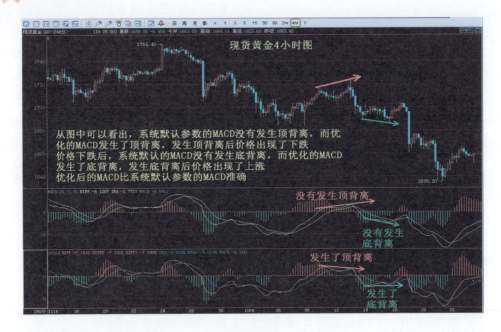

图 107

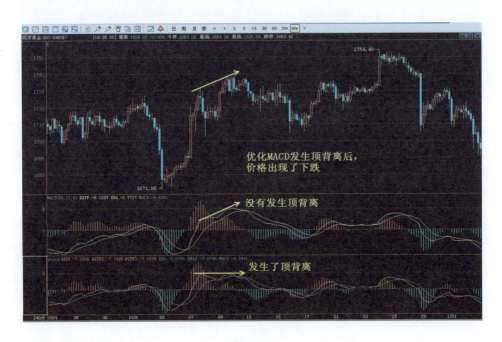

图 108

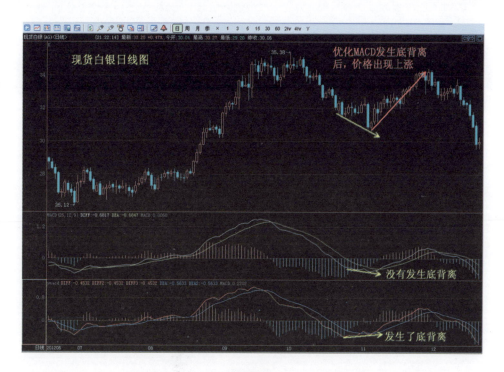

图 109

　　够了，足以说明问题了。我对两个 MACD 不同周期、不同投资品种（比如现货黄金、现货白银、美元指数等）反复进行了对比，最后还是发现，无论是小时图还是日线图，优化 MACD 都比系统默认参数的 MACD 准确。

　　于是我们又得到了一把利剑。

 **分析系统**

现在我们掌握了四把利剑：K 线，优化均线，优化 MACD，黄金分割（点位计算公式也属于黄金分割范畴）。

我们将这四把利剑组成自己的分析系统，对现货市场进行一番分析，来试试我们组合剑法的威力。

看看图 110、图 111 中画圈处的价格会出现价格转向吗？我们能抓住吗？

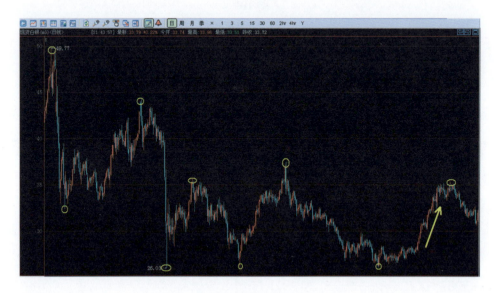

图 110

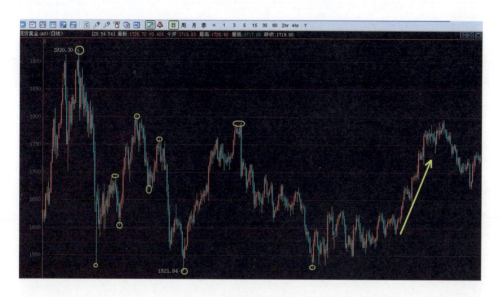

图 111

图 110、图 111，一幅是现货黄金的日线图，一幅是现货白银的日线图。先看黄金为什么在 1920 处发生价格转折。现在，我们来分析一下。

对照上面两幅图，我们首先会发现，现货黄金和现货白银的走势基本相同，所以，做单的时候可以互相参照。

但我还发现一个规律，那就是白银的波动幅度往往要大于黄金。这可能是因为炒黄金的人较多，因而不容易受大资金主力影响，其走势更加平稳，这样就较容易从技术面把握；而白银虽然也是世界市场，但因为炒白银的人较炒黄金的人少，所以更容易受大资金主力影响，因而波动幅度更大，相比黄金稍难把握。

所以，现货黄金是比现货白银更容易从技术面把握的投资品种。

下面，我们一步一步来分析。

用分析系统分析现货黄金

看图 112。1920 美元处出现了趋势反转的三个信号，出现逆转也就不奇怪了。

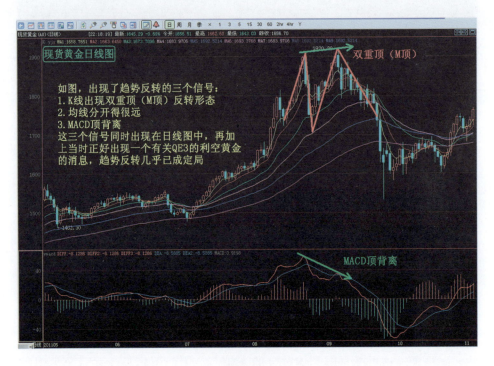

图 112

那么，这一波跌势要跌到哪里去呢？

我们可以试着运用我在上册书《现货黄金、白银之——点位的精确计算》所介绍的点位计算公式来计算一下。

图 113

取如图所示三个点位，代入点位公式中，得到以下可能点位：

点位计算公式　　　　　　　　　　　　　　　　单位：美元

A	B	C		D_1	D_2	D_3		D_4	D_5
1756	1629	1665		1587	1538	1460		1411	1381

　　D_4 和 D_5 一般很少碰到，基本不用考虑。D_1 和 D_3 因为没有与任何其他支撑位比如黄金分割相重叠，所以可能性较小。而 D_2 正好处于其起涨点 1453 美元到 1920 美元的 0.191 分割位附近，同时又是另一起涨点 1308 美元的 0.618 分割线附近，这样就形成了黄金汇聚，所以支撑会更大。

　　看图 114。

　　（图 114 是在大智慧软件上截的图，图中黄金分割指标是我前一本著作《现货黄金、白银之——点位的精确计算》中随书赠送的指标，当放大、缩小或移动画面时，指标会自动显示当前画面最高价位到最低价位的黄金分割线，使用起来非常方便。因为大

智慧软件支持指标中的函数，所以才使用这个软件，并不是我在这里给大智慧打广告，特此声明）

图114

图115

因此，价格跌到 D_2，也就是 1538 美元附近就止跌反弹的可能性较大。事实上跌到了 1532 美元，与预测相差 6 美元，在误差范围内。同时，我们还可以发现，此时均线已经分开得很远，所以反弹的可能性很大，我们可以在这里将多单止盈出局。

价格为什么会在图 116 的 1533 美元处发生转向这个问题，已经解决。来看下一个问题：

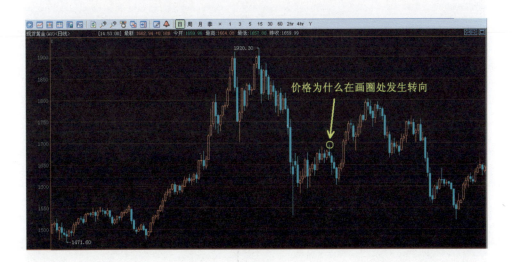

图 116

价格为什么会在图 116 中画圈处发生转向呢？请看图 117、图 118：

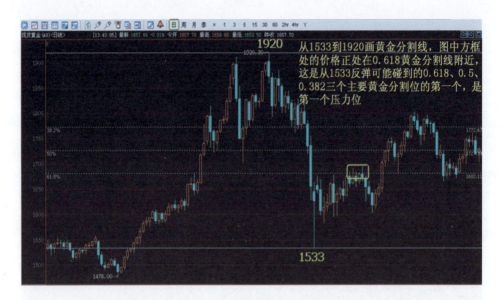

图 117

图 118

由图 117、图 118 可以看出，圆圈处的价格受到 0.618 黄金分割线和双重均线的压力，发生转向也就不奇怪了。当时的 4 小时 MACD 数据已经看不到了，但利用黄金分割和均线这两把利剑同样可以做出判断。

下一个问题，如图 119：

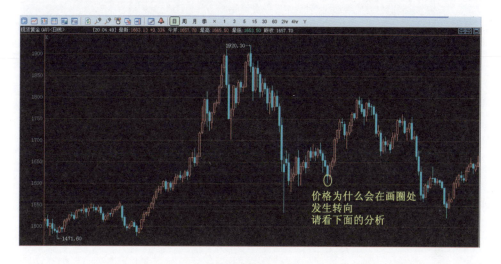

图 119

图 119 的问题，在图 120 中给出了答案。

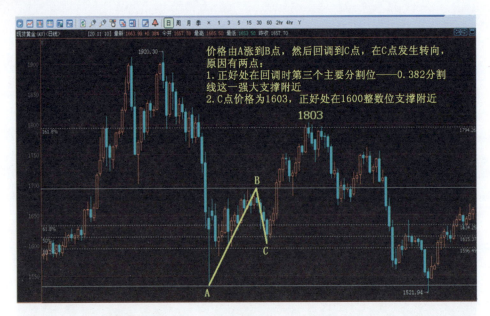

价格由A涨到B点，然后回调到C点，在C点发生转向，
原因有两点：
1.正好处在回调时第三个主要分割位——0.382分割
线这一强大支撑附近
2.C点价格为1603，正好处在1600整数位支撑附近

图 120

从图 120 中的 A 点开始上涨，为什么涨到 1803 美元处就要发生转向呢？看图 121。

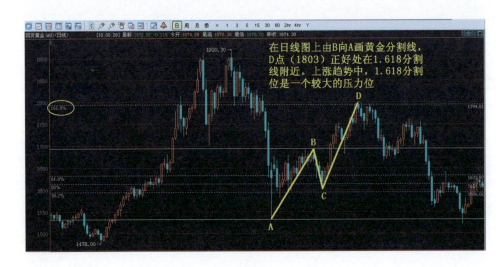

在日线图上由B向A画黄金分割线，
D点（1803）正好处在1.618分割
线附近。上涨趋势中，1.618分割
位是一个较大的压力位

图 121

注：图121中黄金分割线的画法，有的软件是由 A 画向 B，不同的分析软件，画法可能不同。1.618 分割线，是 AB 之间高度的 1.618 倍，注意是"高度"，也就是 B 的点位减去 A 的点位所得的差值。

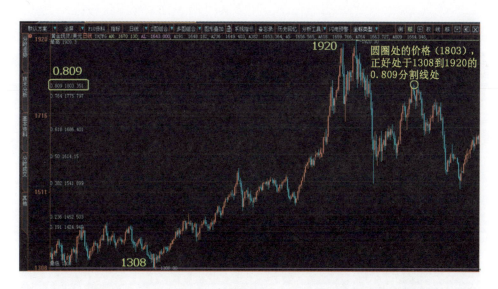

图 122

从图121、图122可以看出，1803 美元正好同时处于 AB 距离的 1.618 分割线和 1308 美元到 1920 美元的 0.809 分割线处，形成了黄金汇聚，具有很大的压力。

当时的情形，市场正处在对美国财政政策的失望情绪中，贵金属的大势是空头趋势。所以，黄金从 A 点涨到 D 点，应该认为是一个反弹，而不是趋势逆转。

同时，我还记得，当时的 4 小时 MACD 发生了顶背离，可惜现在无法看到当时的 4 小时图，不然我可以贴图出来了。

现在我们可以来总结一下，D 点（1803 美元）发生价格转向

的原因有五个：

（1）从消息面看，利空贵金属。

（2）1803美元正好同时处于AB距离的1.618分割线和1308美元到1920美元的0.809分割线处，受到黄金汇聚的压力。

（3）1803美元正处于1800美元整数压力位附近。

（4）4小时MACD顶背离。

（5）K线出现双重顶反转形态。

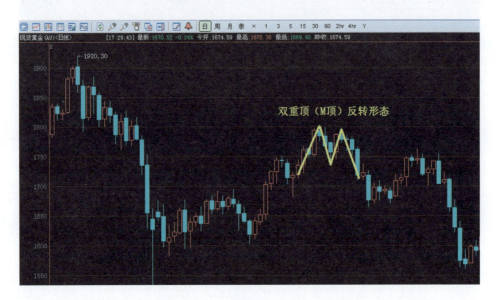

图123

有了这五个因素，价格发生转向并进一步下跌，就一点也不奇怪了。

当然，我们也可以用点位公式来计算一下，同样会得出很准确的答案。

图 124

将以上三个数字代入点位公式，得：

点位计算公式							单位：美元	
A	B	C		D_1	D_2	D_3	D_4	D_5
1683	1769	1749		1802	1835	1888	1921	1941.3

　　D_4 和 D_5 通常不考虑，D_1、D_2 和 D_3 三个可能的点位应该取 D_1。因为当价格涨到 D_1 附近时出现了 MACD 顶背离，上涨动能不足，同时又面临 1800 美元整数位压力和 1.618 分割位压力，还有利空贵金属的基本面，所以价格在 D_1 附近受阻回落的可能性非常大。

　　事实上黄金涨到了 1803 美元，与预测点位只相差 1 美元，可见预测非常准确。此处再次见证点位计算公式的强大。

　　黄金出现 M 顶反转形态后，又形成了头肩顶形态，行情进一步下跌的可能性更大。看图 125：

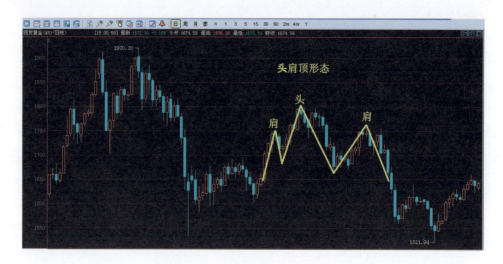

图 125

这一波跌势为什么跌到 1522 美元呢？看图 126。

图 126

从图 126 中可以看出，1308 美元到 1920 美元的 0.382 分割线价位为 1541 美元，与 1522 美元相差 19 美元，但在日期跨度很大的图上，1541 美元和 1522 美元却隔得非常的近（见图 126 中最右边的那个圆圈处）。因为压力位和支撑位不是一个具体的价位，而是一个范围，所以相隔很近的价位都属于有效的压力位或支撑位。

再来看看月线图。

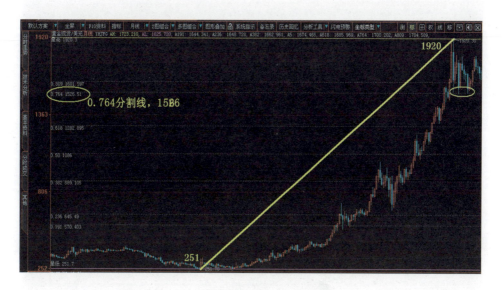

图 127

图 127 中的 251 美元是现货黄金从 1980 年到 2000 年长达 20 年的熊市的最低价位，1920 美元则是从 2000 年到 2012 年的最高价位。

从图 127 中画圈处可以清楚地发现，现货黄金自 1920 美元以来的历次下跌的最低价位，都是在从 251 美元到 1920 美元的 0.764 分割线 1626 美元附近。

而我们现在所分析的这波跌势最低点 1522 美元，更是与 1526

美元只相差 4 美元，这是何等的精确。由此可见，黄金分割的威力是多么巨大。

刚才我们只用了黄金分割一把剑，现在我们再来试试 K 线、均线和 MACD 三把剑。看图 128：

图 128

图 128 中，当价格跌到 1522 美元时，均线分开得很远，有很强的靠拢趋势；日线图中 MACD 底背离，下跌动能衰竭，再加上黄金分割位的支撑作用，价格在这里发生转向的可能性就非常大了。现在，只差 K 线来确认了。

再来看 K 线。

K 线 A 是一根锤头线，在这样的一波大跌之后，均线分开得很远，MACD 底背离，此时出现的锤头线有很强的见底意味。

K 线 B 的实体部分完全包含了 K 线 A，是一个看涨吞没形态。

K 线同时出现见底信号的锤头线和看涨吞没形态，涨势确认。

现在，价格跌至 1522 美元发生转向的问题已经解决了，相信大家已经看到了组合剑法的威力。来看下一个问题。

从 1522 美元涨至 1790 美元处，为什么会发生转向？如图 129：

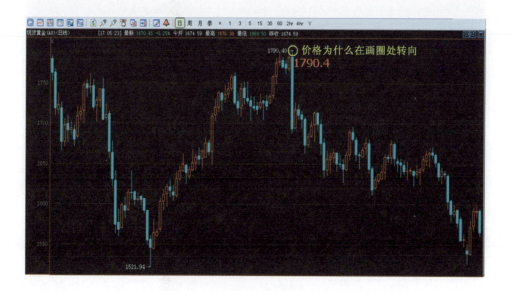

图 129

我们还是按照前面的分析方法。

图130

从图130中可以发现，均线分开得很远，MACD顶背离，同时1790美元又处在1800美元整数压力位附近，所以见顶回落的可能性非常大。再来看K线。

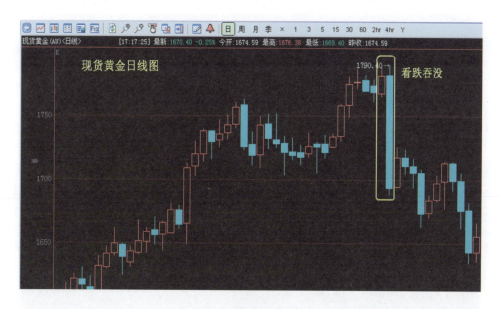

图 131

图 132

黄金在1790美元处因为一个利空消息大跌，而出现看跌吞没形态后，形成了双重顶（M顶）反转形态。跌势确认。

看下一个问题。

这一波跌势为什么跌至1527美元处发生转向？

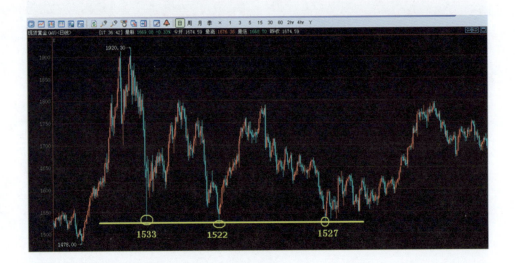

图133

看图133中横线，在1527美元以前，1533美元和1522美元处价格都很接近1308美元到1920美元的0.764分割线1526美元（见前面的分析）。两次跌到1526美元附近就见底起涨，可见1526美元是个较强的支撑位。那么这次也会受到这一较强支撑位的支撑。

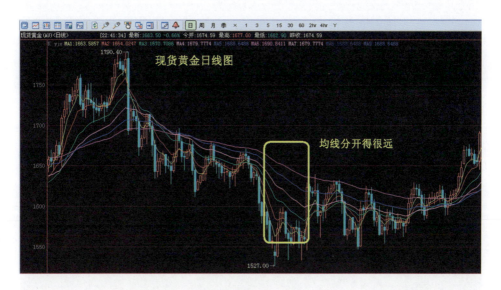

图 134

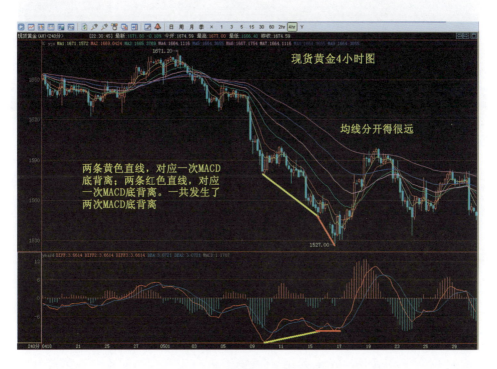

图 135

从上面两幅图中可以看出，无论是在日线图还是在4小时图中，均线都分开得很远，有强烈的靠近趋势；4小时图中还发生了两次 MACD 底背离，下跌动能衰竭。

再来看 K 线。

图 136

K 线出现了看涨吞没形态，确认了底部。

再来总结一下：

（1）1527 美元正处于 1526 美元这一强支撑位附近。

（2）均线分开得很远，有很强的靠拢趋势。

（3）MACD 底背离，下跌动能衰竭。

（4）K 线出现看涨吞没形态，确认 1527 美元这一底部基本形成，涨势开始。

好了，问题解决了。但是有一段插曲想和读者分享一下。

看图 137 中的分析。

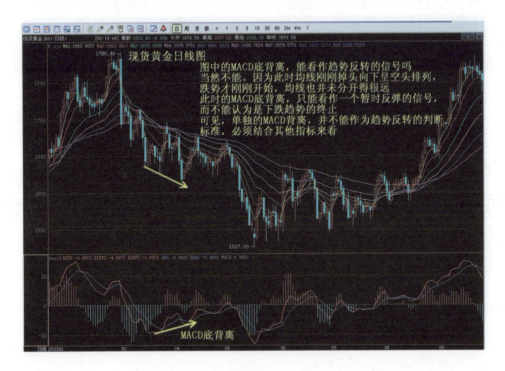

图中的MACD底背离，能看作趋势反转的信号吗
当然不能。因为此时均线刚刚掉头向下呈空头排列，
跌势才刚刚开始，均线也并未分开得很远
此时的MACD底背离，只能看作一个暂时反弹的信号，
而不能认为是下跌趋势的终止
可见，单独的MACD背离，并不能作为趋势反转的判断
标准，必须结合其他指标来看

图 **137**

好了，这个问题说完了，来看下一个问题。

能抓住图 138 中箭头所示的涨势吗？

图 138

看图 139 分析。

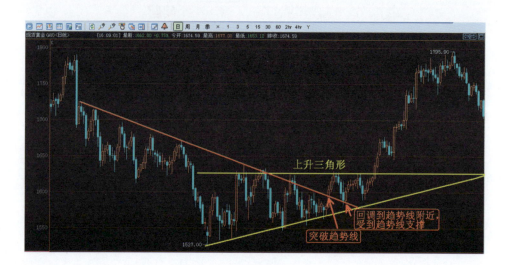

图 139

连接自 1527 美元以来数次价格的高低点，可以发现黄金正在进行一个上升三角形盘整（黄线），那么未来价格突破三角形的方向就是其趋势的方向。

那么能够预测价格往哪个方向突破吗？

能。

图中的红线是趋势线，当价格突破趋势线后，可以初步预测未来为涨势。当突破趋势线后，价格再次回到趋势线附近，受到趋势线的支撑，止跌上涨，此时可以确定前面的突破是有效的。

此时可以判断，价格将呈涨势，往上突破上升三角形的可能性很大。

黄金在 2012 年 8 月 21 日大幅突破上升三角形，此时，前面只有一个障碍，只要再突破这个障碍，前方将是一马平川。

这个障碍是自 1920 美元以来形成的一个大下降三角形。

看图 140：

图 140

看，这是个多么清晰、多么标准的下降三角形盘整形态。

平常我们往往只局限于小时线、日线，而很少关注周线、月线，但很多时候，我们能从周线、月线上发现许多我们在日线上很难发现的东西。

从日线上也能看到这个下降三角形，但要把图形缩小很多，来看看。

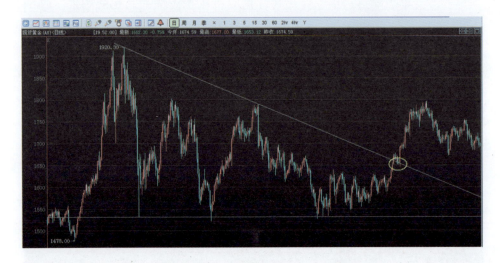

图 141

当价格从图 141 黄色圆圈处往上突破下降三角形后，再次回调到白线附近受到支撑，继续上涨，这是对突破成功的确认（不是每次突破都会有这样的回调确认，我们只要看到突破后的几根日 K 线仍然在大三角形上边就行了。如果突破白线之后，很快又回到白线以下，那是假突破，不可信）。有了这个信号，就可以大胆做多。

此时若再结合均线和 MACD 来看，多头趋势更加明显。如图 142：

图 142

　　从图 142 可以清楚地看见，当价格从圆圈处往上突破白色压力线时，多头趋势基本确立，然后价格又再次回调到白色压力线附近时，有人担心会不会跌破大三角形上边（白色斜线），而使得突破失败呢？

　　这种可能性极小。

　　因为此时突破大三角形上边已经有好几天了，价格仍然在大三角形上边，说明突破很可能是真突破。同时均线已经呈多头整齐排列（均线从短周期到长周期由上往下依次排开，非常整齐），这往往是强势多头的征兆；而 MACD 也处于零轴以上，并往上走。这些无不预示了明显的多头趋势。

　　K 线、均线、MACD 指标都表明这是明显的多头趋势，我们

还有什么理由不做多？

由此可见，这一波涨势我们是完全可以抓住的。

用分析系统分析现货白银

现在，我们再回过头来看看就能发现，对历次现货黄金价格的转折和趋势的把握，我们的分析系统完胜，组合剑法威力强大。

那么，亲爱的读者，通过对前面的各大指标的基础学习，以及刚才对现货黄金的一番分析，相信大家已经对分析技术掌握得比较好了，那我们能不能用这套组合剑法来分析一下现货白银的历次走势的转折呢？

来试试自己的功力吧。

其实，现货白银和现货黄金的走势基本相同，判断出现货黄金的走势方向，往往就能判断出现货白银走势的方向，基本上无需再去单独分析现货白银的走势。但就算我们要单独分析现货白银，其分析方法也与刚才分析现货黄金的方法大同小异。

所以，我只给出一些提示，不再像上面分析现货黄金那样详细分析了，因为已经没必要了。

请各位读者自己尝试去分析现货白银，不明白时再来对照我的提示，看看有何不同，这样能更好地检验自己。

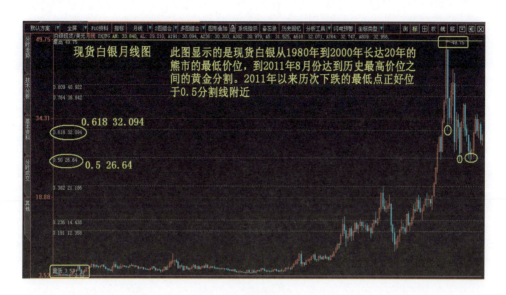

图 143

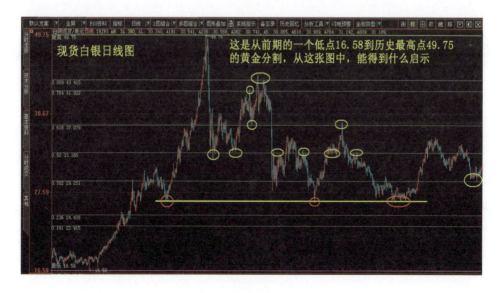

图 144

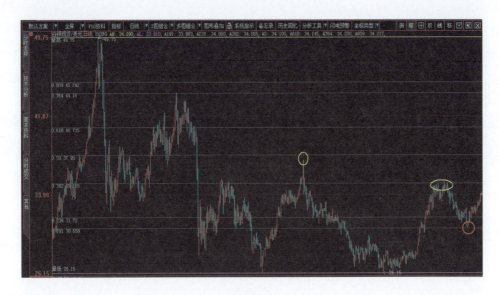

图 145

图 145 又能给我们什么启示呢？

图中黄色圆圈处的价格，正好位于历史最高点到其下跌的最低点 26.1 美元的 0.5 和 0.382 分割线附近，这是纯粹巧合还是黄金分割的威力？当价格到达这样的黄金分割位处，同时又出现了 MACD 顶背离或底背离，或出现了 K 线的见顶或见底反转形态，是不是能帮助我们更好地分析行情？

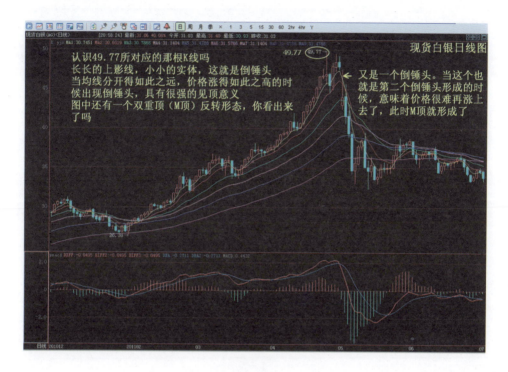

认识49.77所对应的那根K线吗
长长的上影线，小小的实体，这就是倒锤头
当均线分开得如此之远，价格涨得如此之高的时
候出现倒锤头，具有很强的见顶意义
图中还有一个双重顶（M顶）反转形态，你看出来
了吗

又是一个倒锤头。当这个也
就是第二个倒锤头形成的时
候，意味着价格很难再涨上
去了，此时M顶就形成了

现货白银日线图

图 146

图 146 中出现了如下见顶形态：

（1）K 线出现了倒锤头和 M 顶反转形态。

（2）均线分开得很远。

图 146 中的 MACD 没有在日线图中出现顶背离，但在 4 小时
图和 6 小时图中出现了多次顶背离（这是我凭记忆的），分析软
件没有储存那么久远的 4 小时和 6 小时数据，无法贴图上来。

这是我们单独分析白银。如果对照现货黄金，会发现黄金在
这一时期发生了日线周期的 MACD 顶背离。

其实，很多时候我们都需要对照黄金和白银走势，有时候黄
金没有出现 MACD 背离，但白银出现了，因为金银走势基本相
同，那么可以根据白银的走势来预测黄金的走势。

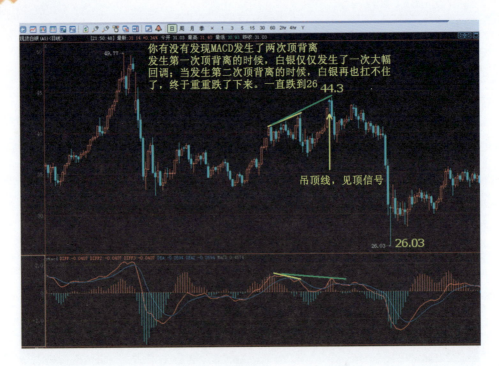

图 147

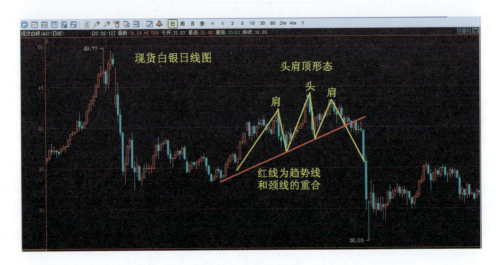

图 148

看图147、图148，日线MACD出现两次顶背离，K线出现头肩顶形态，此时我们无需去理会均线，就可以判定行情的方向。

在这里，我想啰唆几句，说说如何做单，免得有些人虽然看对了行情方向，但是仍然赚不到钱。

就这一波行情来说，在价格跌破红线以前，我们可以在出现MACD顶背离或出现吊颈线之后，布置少量战略性的空单，当价格跌破红线，并且以后的几根日K线仍然处于红线以下（如果价格跌破红线后又快速回到红线以上，这是假突破，此时不要做空），再次反弹到红线附近不能往上突破时，头肩顶成立，我们就可以重仓（不要超过30%仓位）杀入，大胆做空。

或许，很多人会觉得要等到跌破红线，而且跌破红线后还要等几根日K线才能大胆做空，有些太难等了。在这里，我想提醒读者，在现货市场，机会是等出来的。耐得住寂寞，才能等得来轰轰烈烈。

这时做空，虽然没有空在最顶部，但是风险是最小的。

在现货市场，什么最重要？赚钱最重要吗？

不。控制风险最重要。

如果不会控制风险，很可能十次赚的钱，最后一次亏出去。

学会控制风险才能长久赢利。

一个月中，也许才出现一两次这样的好机会。但是，只要我们抓住，就足够我们赚的了。其他的时候可以休息，也可以少量做单。

有些人，一月做一单，一单吃一月，就是善于抓住这样的好机会的高手。虽然他们一个月可能才做一两单，但这一两单却足够自己吃喝用一个月；而很多人虽然天天做单，但到月末一看账单还是亏的。

好了，言归正传，继续我的白银分析提示。

图 149

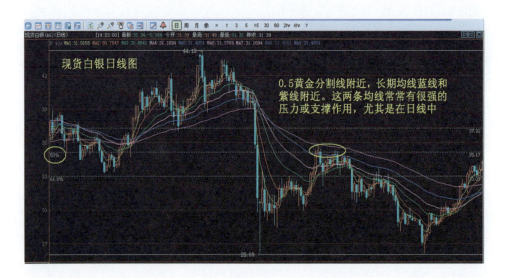

图 150

图 150 中右边圆圈处可以轻仓做空。何时可以重拳出击？看

图 151：

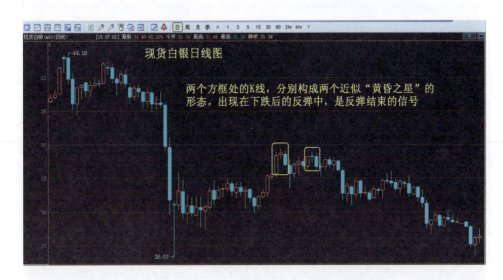

图 151

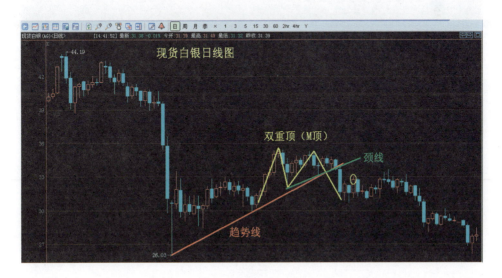

图 152

颈线和趋势线几近重叠，跌破颈线和趋势线后，再等几根日K线，可在图中画圈之处放手做空。无论是"黄昏之星"还是双重顶，都是见顶信号，同时出现，信号更加可靠。

如果价格突破颈线后，没有回抽就一路大跌下去，那我们是否还要等回抽呢？这就要看当时的综合情况了，包括消息面。如果你认为能看懂行情就顺势做空，如果看不懂就离场观望，宁可错过，莫要做错。机会多的是，错过了这次，还会有下次。十次机会中逮住那么两三次，就够我们赚的了。但要是做错了就不好办了，不但会亏钱，还会影响人的情绪，甚至会使人失去理智，胡乱做单，造成更大的损失。

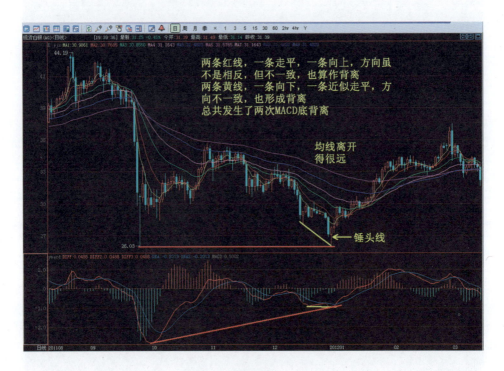

图153

均线分开得很远，MACD 两次底背离，K 线出现锤头线见底信号，同时价格又跌到前面月 K 线分析的从 1980 年以来的最低点，到 2011 年历史最高点的 0.5 黄金分割位附近，具有较强的支撑。

所有这些信号无不告诉我们，价格将向什么方向运动。

继续看现货白银。我仍然只给提示，不给详细分析，读者自己分析练习一下分析能力。

图 154

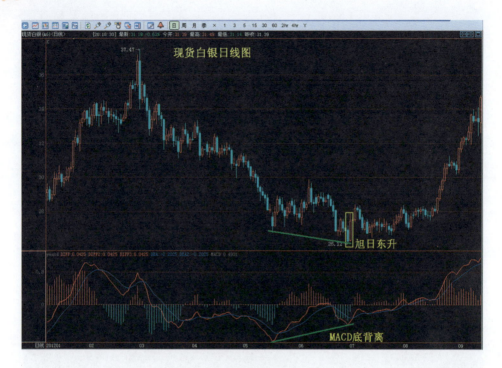

图 155

图 156

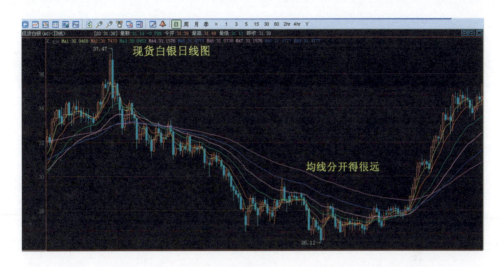

图 157

各位，看了这么多提示，应该没有问题了吧。

白银市场的分析方法，跟黄金市场一样。

组合剑法的精髓，我已经基本上展示给大家了。但是，组合剑法的精妙之处，是无法在这样少的几波行情的分析中完全体现出来的，读者须到实盘中大量使用后才能体会到。

还有很多内容是只可意会而很难言传的，我无法写出来，只能靠读者自己去体会了。

这套分析系统是我操盘的精髓，比我最近发现的菜鸟操盘系统的分析方法要复杂得多。我不会说这套分析系统完美无瑕，更不会说适合每个人。但是，我可以肯定地说，这个分析系统是非常不错的，不管你是初学者，还是有一定技术分析基础的人，都能从中学到很多东西。

对于还没有找到合适分析系统的人来说，直接把这套系统拿来使用，可以在最短的时间内掌握技术分析的精髓，可谓速成操盘；对于已经拥有一套比较成熟的操盘系统的人来说，可以从我

的理论中吸取营养，取长补短。

此外，我的分析系统肯定还会有很多不足之处，希望读者朋友能够不断完善。

还有一点要请所有读者注意：世界上没有一种技术理论能解读所有市场波动。

无论一个人的分析技术多么厉害，无论其实盘经验多么丰富，总会碰到很多看不懂的行情，也就是无论用什么技术理论，都无法解释某些行情，就连消息面也不能解释。此时，我们不要惊慌。因为，市场是一门很博大、很高深的学问，而人们目前并没有完全认识市场。甚至可以说，永远也不会完全认识市场，所以总会碰到一些看不懂的行情。但人们对市场的认识，总是在不断进步、不断完善中，现在不能解读的行情，将来很可能就被人们很容易地解读。

我的分析系统，那四把看起来神乎其神的利剑（K线、均线、MACD、黄金分割），能够解释、读懂、预测所有市场吗？能够读懂价格的每一次波动吗？

很显然，不能。

世界上也没有这样的分析系统。

那么，当我们遇到这种看不懂的行情的时候，应该怎么办呢？

避开，研究。

避开，是指按兵不动，不要盲目做单。我们只做看得懂的行情。当然，技术分析水平越高，能看懂的行情就越多；技术水平越低者，能看懂的行情就越少。但即使水平不是很高，也完全不用担心因为能看懂的行情较少而不能赢利，一个月当中，能看懂并抓住一两波行情，就可以赚得盆满钵满。而随着技术水平的提高，我们就能看懂更多的行情，赚到更多的钱。

　　研究，就是指在这段看不懂的行情发生的当时和之后，努力去寻找原因。首先运用自己所学过的各种技术理论来解读，如果不行，那就去请教其他技术高手。如果还不行，那就自己去自学新的有可能解释这段行情的技术理论。如果还是不行，那么很可能你所遇到的问题，用当今世界已经公布的技术理论无法解读，这就需要你自己去发现其中的规律，创造一种新的理论来解读。

　　当今世界几乎所有现有技术分析理论，都是这样发现和发明的。比如 K 线，就是日本人从米市的价格波动中寻找到某种规律而发明了 K 线理论。

　　我们不要把那些发现和发明各种分析理论的大师看得多么神秘，其实他们也只不过是善于思考的普通人而已。如果我们也像他们那样努力思考，一样能取得那样的成功。

　　接下来，我们来看看如何做单。

做单的三大原则

看对趋势不一定就能赚到钱，这是很多投资者的亲身体会，我也有过这样的体会。在多次亏损后，我总结出这样三个做单原则，跟大家一起分享，这三大原则也同样适合我最新发现的菜鸟操盘系统（这个菜鸟操盘系统只对"92 操盘"网的高级 VIP 学员讲解）：

◇ 顺势。

◇ 控仓。

◇ 耐心。

这三个原则写下来只有六个字，但如果要展开来详细分析，足以再写一本书。

简单地解释一下。

一、顺势操作，永远不要逆势

在空头趋势中，切忌去抓反弹，而应该待其反弹上来后，找压力位顺势做空。当价格反弹到某个重要压力位，而又同时发生 MACD 顶背离的时候，是较好的入场时机。

在多头趋势中，切忌去抓回调，而应该待其回调下来后，找支撑位顺势做多。当价格回调到某个重要支撑位，而又同时发生

MACD 底背离的时候，是较好的入场时机。

趋势不明时，离场观望。

那么，如何确立趋势？

前面说了很多，其实最简单的就是看日线图中的均线。当多根均线尤其是长期均线呈空头排列的时候，是空头趋势，如果成空头整齐排列，则往往是强势空头趋势；当多根均线尤其是长期均线呈多头排列的时候，是多头趋势，如果成多头整齐排列，则往往是强势多头趋势。

在趋势将要发生反转的时候，轻仓建立战略性的仓位，或者离场观察。

如何判断趋势将要反转？

（1）MACD 背离。

（2）K 线出现反转形态。

（3）均线分开得很远。

（4）价格到达某个重要支撑位或压力位。

如果能满足前两个条件，那么趋势反转的可能性较大，如果同时还满足第三个或第四个条件，那么反转的可能性就更大。

二、控仓

永远不要满仓。

（1）把握小，轻仓；把握大，稍重仓；没有把握，空仓（就是什么单都不做）。

当预测趋势将要改变的时候，轻仓做战略单或不做；当趋势已经改变（比如突破趋势线，多根均线尤其是长期均线调转方向，或突破其他某个重要压力位或支撑位）时，轻仓做顺势单；均线

整齐排列时，稍重仓做顺势单。

多少算轻仓、多少算重仓呢？

这个没有统一的说法。我个人认为，低于或等于总资金的 10% 算作轻仓；大于 20% 算作重仓。

我绝大多数时候都不超过 10% 的仓位，不过，也有极少数时候会重仓，但必须是非常有把握的时候。

（2）分批建仓，分批平仓。

（3）获得的利润不要全部拿来投资。比如我做一单赚到 10000 元，那么我会拿出 6000 元，只留下 4000 元在账户中用来继续投资。

三、耐心

（1）没有做单的时候，要耐心地等机会。

要像狼一样有耐心。狼的耐心是出了名的，为了等到一个最佳的攻击时机，它可以从天还没亮就开始一直潜伏到天黑，当战机呈现的时候，它就会发起致命一击。

如果把一条没有捕猎经验的狗放到草原上去，很快就会饿死。草原上到处都是猎物，但狗就是抓不住。因为它不会像狼一样耐心地等待最佳时机，而是一看到猎物就去追，结果追了十几次才成功一次，白白消耗掉大量体力，用不了多久就会累得跑不动了，等待它的只有死亡。

为了等到一个合适的入场时机，我常常会等待好几天甚至个把月，等到机会终于来临的时候，就会毫不犹豫地入场建仓。

（2）敢于拿单。

拿到什么时候为止？拿到趋势将要改变或者已经改变为止。

下面两种情况是很多人都经历过的。

①下单后，价格逆向波动几美元，亏了一点钱，就吓得赶紧止损。

②下单后，价格顺向波动几美元，赚到了一点钱，就赶紧平仓。

这两种都是不敢拿单的表现。

①下单后要设止损，止损设多少？这个问题在前面已经讲过，菜鸟操盘系统中是按照操盘线来止损的，这个止损方法事实证明是很好的。但是如果要设具体止损金额或点位，该怎么设？假设设 N 美元的止损，那么 N 的大小是这样确定的：价格如果逆向波动超过 N 美元，趋势就很可能发生改变。

说得具体一点，比如做现货金，在某个压力位 1750 美元做空，如果设了 10 美元的止损，那么设 10 美元的理由是：如果价格涨到 1760 美元，表明成功突破 1750 美元这个压力位，很可能趋势已经改变，我若不止损，会造成更大的亏损，所以此时必须止损。那么只要价格还没有到达 1760 美元，哪怕是涨到 1759 美元，我也认为趋势并没有改变，过一段时间，它还会跌下来，我做单的方向并没有错，我要坚持拿住我的单。

很多新手（包括我自己刚开始的时候），一看到涨就做多，一看到跌就做空，一段时间后，终于亏怕了，由鲁莽变为胆小。然后再次看到价格涨的时候，不敢做多，而是观望。再涨，开始心急，再涨，终于耐不住了，一把做多进去。一做多进去，就开始回调，一看到回调，就心慌，立刻平掉多单。平掉多单没多久，回调就结束了，价格继续上涨。于是，我们就会看到伤心、流泪、愤怒。

所以，当机会没有来临的时候，要耐心地等待；当机会真正来临的时候，要毫不犹豫地出击。一旦出击，就要坚信自己一定

能够成功。

②如果做对了方向，也不要赚一点点小钱就平仓，而是要拿住，让利润奔腾，然后分批平仓。

下面，我们来看几个图例。

我们用一波行情来解释这三大原则。因为前面用现货黄金来举例较多，所以这次我用现货白银来举例。

图 158

如图 158，我将入场点位选在图中圆圈处，即 27.1 美元处，而不是 26.12 美元处，止损点设在 26.5 美元处。假如我的资金可以做 10 个标准手，那么我会在此处下 0.5 手的单。

原因是，虽然 26.12 美元正处在前面月线图所分析的 0.5 分割线附近，也是历次下跌的最低点附近，应该有较强的支撑，而且均线分开得很远，MACD 底背离，看起来价格见底反转的可能性非常大，但是，此时毕竟还是空头趋势，不宜做多，我们做多的原则是在多头趋势中找支撑位做多。在 26.12 美元处做多，是空头趋势中做多，是逆势单，风险较大，我们不做。

所以，26美元附近是空单获利平仓的位置，而不是多单进场的位置。

我们一直耐心等待，直到价格突破下跌趋势线，这意味着趋势很可能已经反转，再加上0.5分割线，MACD底背离，均线分开得很远（这一波行情在前面已经分析过了），则趋势反转的可能性更大。突破趋势线后又回调到趋势线附近，受到支撑上行的可能性很大，再加上此时已经可以看出，白银正在进行一个上升三角形盘整，而圆圈处的价格正好处在上升三角形的下边处，也会受到支撑。两者相结合，价格在此处受到支撑而上行的可能性非常大，价格同时跌破两大支撑的可能性非常小。

所以，此处（图159中圆圈处）是多头趋势中的支撑位，是较好的入场位置。如果再稳健一点的话，还可以等到价格受到这两个支撑上行，拉起一根阳线后，第二天再入场做多。

图159

看图159，当价格往上突破三角形上边，再回调到紫色均线附近时（绿色箭头处），我会再入0.5手多单，以跌破三角形上边为止损点。

平常突破盘整形态时，我会再等几根日K线或等其回调后再入场，但这次却不再等待。这是因为，由前面分析可知，涨势基本确定，而均线又在三角形中经过了长时间的黏合，积聚了很大的能量，一旦发动，很可能是一波猛烈的行情。

再加上三角形盘整形态本身就是在积聚能量，这样一来，均线黏合积聚的能量和三角形盘整积聚的能量合而为一，能量更大。

价格在往上突破三角形盘整形态后，很可能没有回调或回调很少就继续上涨，多头趋势基本确定，所以，我不再等回调，而是在第二根日K线出现时就进场做多。

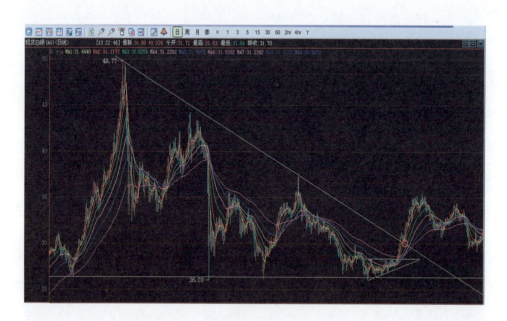

图160

看图 160，当价格往上大幅突破大三角形上边后，我不立刻下单，而是待其回调到大三角形的上边附近（图中红色圆圈处）时，再入场做多，下 0.5 个标准手。以大幅跌破大三角形的上边为止损点。

之所以不在突破后立刻入场，是因为这个大三角形非同小可，时间跨度长达一年半，要突破并不容易。所以当其突破的时候，我要再等几根日 K 线，看看是真突破还是假突破。而突破后第三天，就能在 4 小时图上看到 MACD 顶背离（这里没有截图了，读者若有兴趣可以自己去验证），这个背离预示价格很可能会回调，所以，我会耐心等其回调。

待回调到大三角形上边这个大支撑附近时，已经是突破后的第五天，此时价格仍然在大三角形上边，说明这次突破很可能是真突破。再加上此时均线已经呈现多头整齐排列，这更加肯定了多头突破的可靠性。

价格经过小三角形盘整，又经过大三角形盘整，蓄力已久，一旦突破，必然势不可挡。再加上均线长时间黏合后刚刚散开，而且呈多头整齐排列，此时可以 99.9% 地肯定，一波猛烈的涨势即将呈现。此时不出手，更待何时？所以此处再下 0.5 个标准手。

至此，我已经做了 1.5 个标准手，占了我 15% 的资金，已经是重仓了，所以我不再加仓，中间任凭价格涨涨跌跌，我都耐心持仓，既不会去抓回调做空，也不会加仓做多。那么何时平仓呢？看图 161。

图 161

当价格到达 33 美元附近时，我会将最开始下的第一单 0.5 手平掉，因为这单已经赚得够多了。之所以选择 33 美元这个点位，是因为 33 美元是个整数位压力，同时又处于前期高点 37.4 美元到前期低点 26.1 美元之间的 0.618 黄金分割位附近（见图 161），且均线也分开有一定距离了。

我不会在此处全部平仓，因为此处离刚刚突破大三角形盘整处价格并不是很远，K 线也没有见顶形态，很有可能还会继续上涨。

再等到 34 美元附近（一般是略低于 34 美元，比如 33.9 美元或 33.8 美元）时平掉第二单，也是 0.5 手。然后把止损移到成本价上（这个操作相信大家都明白，我就不解释了），此时我已立于不败地位，还可以用剩下的仓位搏取更多利润。之所以选择在 34 美元附近，是因为这里面临 34 美元整数位压力，同时在 4 小时图上出现 MACD 顶背离（不截图了，太麻烦了，读者若有兴趣可以自己去验证）。之所以不全部平仓，是因为经过前面的分析，我们知道，这是一波非常猛烈的涨势，此时很有可能还有上涨空间。

然后我会运用点位公式，来计算一下这波行情可能会涨到哪里。

取图 162 中三个点位来计算。

图 162

计算结果如下表：

点位计算公式							单位：美元	
A	B	C		D_1	D_2	D_3	D_4	D_5
30.22	34.12	32.45		34.9	36.4	38.76	40.3	41.17

D_4 和 D_5 通常不考虑，D_1、D_2 和 D_3 三个可能的点位我会选择 D_1。理由如下：

（1）34.9 美元正好位于 35 整数压力位附近。

（2）34.9 美元位于三个黄金分割位的汇聚区域，压力较大。

看图 163：

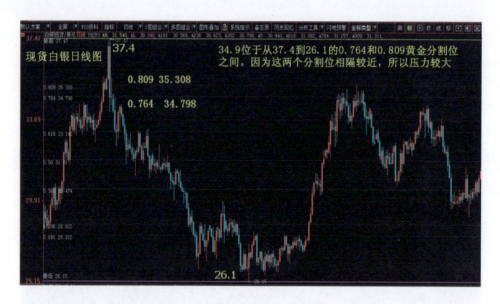

图 163

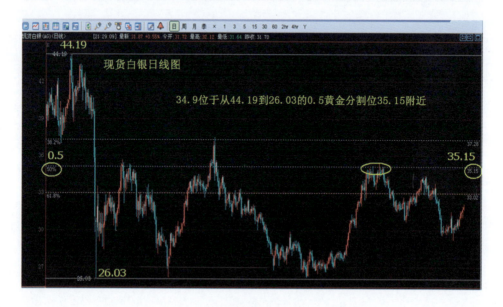

图 164

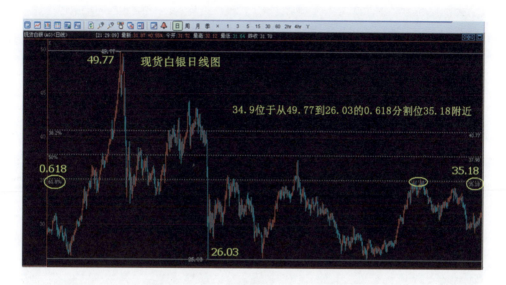

图 165

读者朋友，看完图 163、图 164、图 165，你是否感叹黄金分割的无穷威力？

（3）4 小时图 MACD 多次顶背离，日线图上也出现 MACD 柱状线顶背离（看图 166、图 167）。

（4）均线分开得很远（看图 168）。

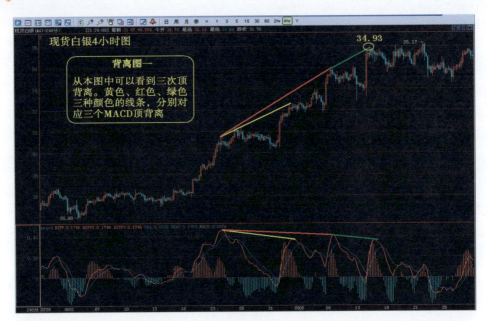

图 166

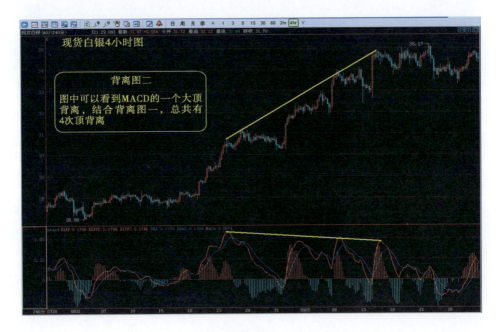

图 167

图168

有了这四个理由，我们可以认为，点位计算中取 D_1 的价位 34.9 美元是很有道理的。这波白银涨势的顶点位置，很可能就在 34.9 美元附近。

所以，我会在这里平掉剩下的全部仓位。

如果白银在我平仓后继续大涨，我不会因为过早平仓而有丝毫后悔，因为我的分析没有错误，如果价格继续上涨，那不是我所能预料的。我只赚我能够赚得到的钱！那些我不能预料的行情，我离场观望，那种钱，我留给冒险家去赚。

当然，也有人采用另一种平仓方式，即一直等到价格跌破上涨趋势线后才平仓。

这种方法虽然看起来很笨，也没有平在最高点，但其实很高明。因为他不去猜测最高点在哪里，而是等待行情自己跌破上涨趋势线，已经确认反转了才平仓。这种方法虽然不能平在顶点，但是常常能够吃掉一波行情的大部分利润。

现在回过头来看看，建仓的时候分批建仓，待机而动；平仓

的时候分批平仓，落袋为安。

顺势、控仓、耐心这三大原则得到充分体现，尤其是耐心，更是体现得淋漓尽致。看图169。

图169

图169中6月28日最低点26.12美元附近虽然出现了MACD底背离，但我们没有入场，而是等到涨破趋势线，再回调到趋势线附近时（8月2日）才开始建仓，历时一个月零4天。

为了一个机会，足足等待一个月，这是对人耐心的极大考验。很多刚入行的朋友一天不做单，就手痒难耐，更不要说等一个月！

然而，有道是守得云开见月明！那些有着狼一样耐心的人，老天爷是不会亏待他们的。

再看，从8月2日开始建仓，到9月14日价格到达34.9美元附近时全部平仓，又是一个多月的时间！

在这一个多月的时间里，我们只看准几个关键位置做了三次单，总共两个标准手。

这也是对耐心的极大考验。

在这一个多月里，做 300 次单的大有人在。但他们赚的利润，很可能还没有我们这三单的利润高。

由此可见，分析技术虽然重要，但耐心、毅力等优秀的品质同样重要。两个分析技术差不多的人，在同样的投资市场，可能会因为各自品质的差别，而使得赢取的利润相差很远。

我们还发现，这里有一单足足拿了一个月。读者朋友，你能在下单后，在赢利的情况下继续拿一个月吗？

亏钱后，舍不得止损，硬扛一个月的大有人在；但在赢利的情况下，拿一个月才平仓的人就凤毛麟角了。其实这些可以当作长线来做，放着不动，平时做些小短线。这样短长结合，也是非常不错的。

面对充满机会，而又充满风险的投资市场，我的风格是：时机未到，按兵不动，耐心等待；时机一到，果断出击，一剑封喉。

投资者可能会碰到的经典问题

　　投资者会碰到很多问题，我选出比较有代表性的几个，跟大家讨论一下。

　　1. 我每次都严格按照带盘老师的喊单建议去操作，为什么还是亏钱？

　　很显然，这样的带盘老师技术不过关或没有对客户负责。你赚钱或者亏钱，跟他并没有多大关系，他干嘛那么认真给你带盘呢？有良心的带盘老师会带得很不错，但大多数带盘老师都是敷衍了事。

　　所以，带盘老师是靠不住的。

　　那么，谁是最可靠的？

　　我们自己！我们自己的分析技术和行情判断能力。

　　2. 如果现货黄金在 1795 美元做空，止损位设在哪里？

　　这又是一个关于止损的话题。前面已经讲得够多了，这里再老生常谈一次。

　　这个没有统一的答案。但如果是我，我会选择操盘线止损法，或把止损位设在 1810 美元。

　　因为，1795 美元面临 1800 美元整数位压力，这是个很关键的压力，自 1920 美元以来，黄金历次冲击 1800 美元都无功而返。

那么能不能把止损位设在 1800 美元后方附近，比如 1802 美元、1803 美元这样的位置呢？

不能。

因为压力是一个范围，不是一个具体的价格，1800 美元附近都是有效压力范围。如果价格轻微超过 1800 美元，并不能认为就突破了 1800 美元这个压力位。如果止损设在 1802 美元这样很靠近 1800 美元的位置，那么就很可能被白白扫损，价格可能会稍稍超过 1802 美元，然后又回到 1800 美元以下，再大跌下去。这时，你肯定会肠子都悔青的。

但如果涨到 1810 美元，因为突破了 1800 美元这个关键压力位比较多，多头会受到鼓舞，很可能使价格继续上涨，从而大幅突破 1800 美元整数位压力，使得 1800 美元压力位被有效突破，继续上涨。

所以，我把止损位设在 1810 美元，如果到达这个价格，我就认输。

我的止损位虽然设得比较大，有 15 美元，但这样设置是正确的。如果我的做单方向没有错，赚取的利润至少是 50 美元，所以，设置这样的止损位是不成问题的。

很多人喜欢看 5 分钟 K 线做小行情，那些三五美元的行情他也做得津津有味。如果一次波动只有 5 美元，那么你能抓住的可能就只有两三美元，赚取的利润可能还不够一次止损的，这样很多次下来，利润可怜。这些投资者就是为平台公司做贡献的，每天给平台公司上缴手续费。

一般低于 10 美元空间的行情很难激起我的兴趣，因为这样的行情做起来很累。如果有 20 美元以上空间的行情，我就会抛掉其

他事情，专心做单。平时没有机会的时候我就等待，我始终认为，不出手则已，一出手就要一剑封喉，捕到大鱼。

3. 光看技术分析就够了吗？需要看消息面吗？

技术分析能够准确地把握趋势，无需知道消息面。但看看消息，对我们能有所帮助。

如果分析技术比较过硬，完全无需去理会消息面。很多技术高手根本不看消息面，照样做得很好。

消息有助于帮助判断行情，但要注意的是，有时候我们会对消息产生误读，这不但无益，反而有害。

所以，综合起来，应以技术为主，以消息为辅。

如果技术面同时出现 K 线头肩顶形态，MACD 顶背离和均线分开得很远等见顶信号，那么无论出来什么利多消息，都不可信。如果消息面与技术面一致，那么行情就变得容易把握了。

始终记住，以技术为主，以消息为辅。

4. 学好了技术，就一定能赚到钱吗？

这就好像问：武器好就一定能打胜仗吗？

想要用技术赚到钱，除了要技术过硬以外，还需要较好的品质和心态。

技术、品质（比如耐心、毅力）、心态（做单时的状态），缺一不可。技术和品质已经讨论过了，至于心态，恐怕很多新手也有一定的体会。比如输了就想翻本，越输心态越差，结果导致胡乱做单。其实，真正的技术高手，在其心态不好时，比如在生气、郁闷、跟同事或妻子吵架等时，就不再做单，待心情平静时才开始做单。

5. 为什么分析行情时总是用"可能""很可能"这样的词语，而不说"肯定""绝对"这样的词语？

这是因为，在投资市场，讲的是概率，而不是绝对。投资市场中也没有绝对，一切都有可能。如果有了绝对，那么市场也就不能存在了，因为这样大家都能赚钱了，那么，谁来亏钱呢？

6. 我的技术水平不高，就是一个菜鸟，也不想学技术，这样的新手能够赚到钱吗？

能。

菜鸟可以运用菜鸟操盘系统，还可以运用下面的方法抓住一些菜鸟行情。

那么什么是菜鸟行情？

就是当均线呈多头整齐排列或空头整齐排列的时候。

当均线呈多头整齐排列的时候，90%以上的可能是强势多头行情；当均线呈空头整齐排列的时候，90%以上的可能是强势空头行情。这就是菜鸟行情。

📺 最后要说的话

为了玩现货，我曾花费数万元拜师学艺；为了使操盘技术更加大众化，我抛弃自己比较成熟的操盘系统，而去试验各种方法摸索菜鸟操盘系统，因为是实盘的，所以摸索过程中不可避免要出现一些亏损。在写作本书时，我很多事情都耽误了，包括很多的商业机会……出版此书所得的微薄的稿费根本不能收回我付出的成本，更别说赚钱。许多人觉得，既然作者那么厉害，为什么还要靠卖书来赚钱？如果他们知道我的这些情况，不知他们还会不会这么想。还有就是，某些人脑子里总是想着无偿获取别人用大量时间、精力和失败换来的成果。

无论做什么，只要自己觉得获得了乐趣，就达到目的了。

写作此书，使操盘技术更加大众化，结识了更多朋友，得到朋友的友情和无私的技术分享，我感到了无穷的乐趣！

玩现货，就跟玩扑克、玩麻将、玩古董、玩字画一样，能赚钱，但不是为了发大财，而是为了乐趣。

许多人问我在哪个平台玩？

其实我在很多平台玩过，仅仅是好奇，想看看别的平台有什么好玩的，譬如说平台的软件如何，分析师的水平如何，等等。

我的好奇，也带给我很多新的发现。譬如说，农产品现货，这是新兴投资品种，是在贵金属现货之后兴起的，现在玩的人还不多，也正因为如此，它才显得很有吸引力。

在出版此书的过程当中，得到广西南宁信玺资产管理有限公司的若干支持，在此致谢。

此书所写内容已经很多了，我不想写得太多，也没有写得很深，以免读者接受不了。以后也不打算写这样的技术书籍了，因为实在太累，尤其书中大量的图片，着实累人。如果您有兴趣学习更多技术内容，请到"92操盘网"（www.92caopan.com），这里有众多教程和高手，也有我的菜鸟操盘系统相关信息。

我的QQ是1527832268，淘宝网店是"时代一品网络学堂"，旺旺名是"对饮云霞"，网址是http：//shidaiyipin.taobao.com。请看准信息，网上有很多假冒"西游取金"和我的书籍、教程的，敬请留意鉴别。

新的技术动态会在"92操盘网"上公布，大家有问题也请到"92操盘网"提问，这里有很多高手聚集，会成为新手学习和高手交流的大平台。

再次感谢教授我盘顶、盘底和多周期理论的恩师杨文星，以及广大投资朋友对我的支持。

祝福广大投资玩家玩得愉快！

注：若需要本书中所有经我修改的自编指标和指标安装方法，请到"92操盘网"（www.92caopan.com）下载。